Drei Katzen für den Papst

Paolo Mosca

Drei Katzen für den Papst

Die neuesten Papstanekdoten

benno

Titel der italienischen Originalausgabe:
Il ciabattino del Papa e altre storie

Übertragung aus dem Italienischen: Peter Wezel

Bibliografische Information Der Deutschen Nationalbibliothek
Die Deutsche Ntionalbibliothek verzeichnet diese Publikation in der Deutschen Nationalbibliografie; detaillierte bibliografische Daten sind im Internet über http://dnb.d-nb.de abrufbar.

Besuchen Sie uns im Internet:
www.st-benno.de

ISBN 978-3-7462-2863-1

St. Benno-Verlag GmbH
Stammerstr. 11
04159 Leipzig
Umschlaggestaltung: Ulrike Vetter, Leipzig,
unter Verwendung einer Illustration von Franzisca Franke-Walther, Halle/Saale
Gesamtherstellung: Kontext, Lemsel (A)

Inhalt

Mutter Teresa kommt überraschend zu Besuch

An einem Frühlingsmorgen auf dem Petersplatz. Die Sonne malt einen goldenen Reif um die Kuppel von St. Peter. Erste Touristen, ein Polizist, eine Taxischlange, die auch heute auf Gläubige aus aller Welt wartet. Von den weißen Statuen hoch oben steigen die Schreie der Möwen und Tauben in die Luft. Und eben zu dieser Stunde kann man die Engel vom St. Petersplatz kennenlernen: jene Geschöpfe, die ganz im Stillen „kleine Wunder" der Güte vollbringen. Hier wird von ihren unbekannten Glaubenstaten im Dschungel des Lebens erzählt.

Die erste ist die Geschichte von Margherita De Bernadinis, die in Borgo Vittorio, in einer Ecke dieses zauberhaften Ortes, seit 24 Jahren Devotionalien verkauft: von Weihnachtskrippen über Kreuze und Heiligenstatuetten bis zu Madonnen. Von einfachen Leuten wie sie selbst hat sie das Geschäft übernommen: In den 80er

Jahren befand sich das Geschäft in der Via delle Fornaci, dann in der Via del Corso und heute hier, „nur wenige Meter vom Papst entfernt", lacht Margherita.
Sie erzählt: „Zu mir kommen Priester und Schwestern, um Messgeschirr, Kirchengerät für ihre Kirchen und Kapellen zu kaufen, aber auch Laien – und vor allem Männer, die Statuetten ihrer Heiligen aus Holz oder Kunststoff für die eigene Wohnung verlangen. Mit meinem Kunsthandwerk, das sich über ganz Italien verstreut, mache ich die Leute froh. Manchem reicht schon die Fotografie eines Heiligen, auch von wenig bekannten wie zum Beispiel dem heiligen Espedito, und schon meint er, sein Werk sei zur Genüge getan."
Aber in ihrem Geschäft verkauft sie auch hunderte Madonnen ... „Die von Fatima und Medjugorje sind am meisten gefragt: in den 90er Jahren schickte ich eine sehr schöne Madonna an die Seher von Pater Jozo. Bald darauf schickte er einen Emissär, um weitere zu bestellen, denn damals konnte er selbst sein Land nicht verlassen. Doch meine Madonnen weinen nicht, sie lachen."
Ob es in diesen 24 Jahren irgendein „kleines

Wunder“ gab? „Ja, zur Zeit von Mutter Teresa von Kalkutta. Ihre Schwestern kamen zu mir und wollten Devotionalien kaufen für ihre in der ganzen Welt verstreuten Niederlassungen. Ich konnte alle ihre Wünsche erfüllen, aber im Herzen hatte ich mir immer gewünscht, Mutter Teresa selbst treffen zu können, auch wenn mir klar war, dass das fast unmöglich wäre. Doch dann leerte sich eines frühen Morgens plötzlich mein Geschäft, kein Kunde, kein Verkäufer war mehr da. Da trat eine Schwester von Mutter Teresa ein: ‚Sie ist hier‘, sagte sie zu mir. Und schon einen Augenblick später kniete ich vor dieser kleinen, großen Schwester. Sie umarmte mich und segnete mich. Leider spreche ich kein Englisch: voller Geduld ließ Mutter Teresa alles von ihrer Schwester übersetzen. Sie würdigte meine Arbeit, meinen Glauben.

Sicher, heute verkaufe ich ihre Statuetten, aber wenn ich könnte, würde ich sie allen schenken. Jedes Mal, wenn ich an dieses kleine Wunder denke, spüre ich wieder ihre Umarmung. Und ich muss gestehen, dass ich in meinem Herzen diese schönsten Momente meines Lebens bewahre. So auch die leuchtenden Augen von Papst Wojtyła, als er meinem jüngsten Sohn über den Kopf streichelte und dessen Lutscher als Geschenk annahm.“

Das Devotionaliengeschäft in Borgo Vittorio.

Ich brachte frisches Brot zum „gütigen Papst“

Die Römer und die Touristen gehen heute an dem Geschäft mit der Inschrift „Panificio“ in der Via Borgo Pio 126 vorbei, als wäre es nur eines von den tausend Schaufenstern, die den Vatikan umgeben. Wir nicht. Wir machen einen Sprung in die Vergangenheit zurück, in die 30er Jahre, als der Laden die einzige Bäckerei dieses gesegneten Stadtviertels war. Hinterm Ladentisch zwei frisch verheiratete Brautleute aus dem Norden Italiens, aus Monza, Ermino Arrigoni und Maria-Amalia. Eine sehr religiöse Tante hat ihnen diese Bäckerei geschenkt, unter der Voraussetzung, dass es in der Via Borgo Pio entstehe, in der Nähe Papst Pius' XI.

„Meine Eltern hatten die Idee“, erzählt Angelo heute, der einzige männliche Nachkomme von fünf Kindern, „einen ‚Dampfofen‘ fürs Geschäft zu kaufen. Es war der erste mit Dampf beheizte Backofen Roms. Damit gelang es ihnen, ein weißes Brot zu backen, das wie ein Wunderwerk war." Doch ein Dampfofen allein genügt natürlich nicht, um die Wertschätzung und das Vertrauen des Vatikans zu gewinnen. „Jeden Morgen schickte mein Vater in einem verschlossenen Metallköfferchen das Brot zum Papst und den Kardinälen in den Vatikan. Den Zweitschlüssel hatten sie in der päpstlichen Wohnung. Dazu kommt, dass meine Eltern ein goldenes Herz hatten. Vor und während des Krieges war die Bäckerei fast wie ein Sammellager: der Dampfofen produzierte täglich bis zu 600 Litern warmes Wasser, während es in den Häusern eisigkalt war. Mütter kamen und holten mit Eimern warmes Wasser, um damit die Kinder zu waschen. Sie baten uns darum, in unserem Ofen Pasta kochen zu können und Kuchen zu backen. Ich war ein kleiner Junge und erinnere mich, wie ich Nummern an ihre Pfannen heftete, damit sie nicht verwechselt würden."

Von da an haben alle Päpste das Brot der Arrigonis gemocht. „In den 50er und 60er Jahren war versucht worden, im Innern des Vatikan einen Ofen aufzustellen, doch unser Brot hat immer den Sieg davongetragen, genauso wie Vaters Lächeln, der mit 97 Jahren von uns gegangen ist, im Jahre 2002, 20 Jahre nach der Mutter." Wer von den Kindern sich für das Brotbacken entschieden hat? „Meine jüngste Schwester Paola und ich. Wir lagen immer im Wettstreit, um Papa und Mama zu helfen.

Und dann geschah ein kleines Wunder. „Es war während des Pontifikats von Johannes XXIII., da fehlte eines Morgens der Bedienstete des Vatikans, und es brauchte jemanden, der dem Papst das Brot bringt. Da fiel die Wahl auf mich. Mit meinen zwölf Jahren bin ich also mit einem Paket Brot in den Vatikan gezogen, durch das St.-Anna-Tor bis zur Wohung des Papstes. ‚Komm her', sagte er zu mir, ‚du brauchst vor dem Papst keine Angst zu haben'. Er streichelte mir über den Kopf, wie er es in seiner berühmten Ansprache allen Eltern aufgetragen hatte, dass sie es in seinem Namen tun sollten. Die Minuten vergingen wie im Flug, ich weiß nicht mehr, wie viele es waren, aber er fragte mich nach dem Ofen, nach dem Vater."

Von diesem Tag an hat sich Angelos Leben verändert. „Mein Glaube hat sich verändert. Ich folgte der Einladung meines Freundes Marcello, mit dem ich in die Schule ‚Pius X.' ging, und trat der Ehrengarde Seiner Heiligkeit bei. Mit

17 Jahren legte ich den Eid ab. Und dann passierte ein zweites Wunder. Als Johannes XXIII. starb, hielt ich in der ersten Nacht in der Basilika Wache, zusammen mit drei anderen Jungen der Ehrengarde und der Palatin-Garde. Er sprach zu uns, ich hörte ihn so wie an jenem Morgen, als er mir über den Kopf streichelte. Es ist unglaublich, aber ich spüre noch heute in meinem Geschäft, dass er meine Tochter beschützt, meine Enkel, meine Schwester Paola, den neuen Ofen, der nun elektrisch arbeitet."

Nun aber alle Mann schnell ins Bett. „Denn", so verabschiedet er sich von uns, „morgen früh um fünf Uhr beginnen wir mit der Arbeit, und das Brot muss noch vor sieben Uhr im Vatikan sein. Doch leider bringe ich es nicht mehr dorthin."

Der Mann, der für die Feste im Vatikan die Blumen auswählt

Für den 63jährigen Elio Cortellessa aus Molise ist es ein großes Kompliment, wenn man ihn den „Blumenmann des Papstes" nennt. Seit 36 Jahren leitet er die Gartenarbeiten im Vatikan, er koordiniert die Ausstattung des Blumenschmucks für die Zeremonien auf dem Petersplatz, in der Basilika sowie in der Audienzhalle „Paul VI.". „Ich war 16 Jahre alt, als ich mein Dorf Pozzoli verlassen habe. Mein Vater war Förster. Zum Einschlafen am Abend haben mir meine Mutter Rosa und er viele Jahre Märchen erzählt, von Pflanzen, von Blumen und vom Frühling. Ich ging damals nach Norden, nach Minoprio am Comer See und studierte dort fünf Jahre lang Gartenbau und Blumenzucht."

Aber wie ist er nach Rom gekommen und Chef der Vatikanischen Gärten geworden? „Auf der Blumenausstellung von Verona bin ich zufällig

Dr. Ponti begegnet. Er war ein leitender Angestellter im Vatikan, der gerade einen neuen Direktor für die Vatikanischen Gärten suchte. Einen Monat später war ich hier in Rom. Ich traute meinen Augen kaum, als ich auf der 22 Hektar großen Grünfläche stand. Ich glaubte, es wäre eines der Märchen meines Vaters." Als Hochzeitsgeschenk zogen er und seine Frau Celeste in ein kleines Haus inmitten dieser Gärten, nur wenige Meter von der Kuppel von St. Peter entfernt. „Wir haben in Ottati bei Salerno geheiratet. In diesem Häuschen hier sind dann unsere beiden Wunderblumen geboren, Antonio und Arianna."

Der Papst kommt einmal am Tag, zum Sonnenuntergang, bei seinem Spaziergang an ihrem Haus vorbei. „Er spaziert in der etwas höher gelegenen Waldzone. Dort gibt es einen schattigen Weg. Da oben, zwischen den 60 Springbrunnen und 12.000 Pflanzen, steht eine getreue Nachbildung der Grotte von Lourdes. Die Muttergottes und einen seltenen Altar hat die Stadt Lourdes Papst Johannes XXIII. geschenkt. Nach dem Beispiel von Pius XII. halten dort alle Päpste zum Beten an."

Jedem Papst, der gewählt wird, widmen die

Gärten ein großes Blumenwappen. „Die äußere Struktur mit den Schlüsseln des heiligen Petrus bleibt erhalten. Nur das Blumenarrangement im Innern wird geändert. Das Wappen Pauls VI. hatte zwei Türme und ein Schloss. Um das Wappen von Johannes Paul I. zu gestalten, hatten wir leider keine Zeit. Für Johannes Paul II. war es ein großes M von Maria und ein Kreuz. Und heute gibt es das Wappen von Papst Ratzinger: ein Bär, eine Muschel und ein Mohr. Die Blumen für die großen Zeremonien von Gründonnerstag bis Osterdienstag kommen aus Holland. Es sind Tulpen, Hyazinthen, Schwertlilien und Azaleen. An Palmsonntag schmücken meine 32 Mitarbeiter und ich die Basilika und den Petersplatz mit Olivenbäumen und Palmen, die aus Apulien kommen. Zu Weihnachten schmücken wir die Berninisäulen mit Blumen aus Sanremo und den Bekenntnis-Altar mit weißen und roten Weihnachtssternen, mit Stechpalmen und Mäusedorn.
Meine Mutter Rosa – sie ist heute 89, hat aber noch einen ganz klaren Kopf – sagt mir immer wieder: Der Herr hat an dir ein Wunder geschehen lassen, denn von Molise hat er dich fast bis zum Himmel gebracht." Die Seligsprechungen

von Pater Pio und Mutter Teresa hat Elio Cortellessa natürlich auch ausgestattet. „Für ihn gab es 12.000 Rosen und Gladiolen sowie aromatische Grünpflanzen aus Puglien, 350 Adlerfarne, Thymian und Gewürze. Wir dachten dabei an seine Duftwunder. Für Mutter Teresa gab es weiße Rosen und Sancarlino, eine Chrysantheme in Miniatur, blütenweiß wie ihre Reinheit." Bei der Frage, ob er nie im Fernsehen erschienen ist, lacht er: „Ich erscheine jeden Abend vor meiner Frau am Tisch, auf dem ein Teller mit Lasagne steht, die mit Liebe zubereitet ist."

Das Haus des Gärtners hinter dem Petersdom.

Weihnachten kam Ratzinger zum Abendessen

„Bis vor drei Jahren aß Kardinal Ratzinger hier bei uns, auch an den Weihnachtstagen. Dieses ist nun schon das dritte Weihnachten ohne seine angenehme Gegenwart hier an unseren Tischen." In Roberto Fulvinaris Stimme schwingt Nostalgie mit. Er stammt aus den Abruzzen und ist Jahrgang 1934. Gewiss, auch wenn sich die italienischen und ausländischen Gäste in seinem Restaurant „Al Passetto di Borgo" in Borgo Pio an diesen heiligen Abenden nur zuprosten, gibt er nicht auf.

„Ich bin zum Teil ein Dickschädel wie mein Vater Antonio, zum Teil ein Träumer wie meine Mutter Elvira. Sie waren Bauern in Capitignano in der Provinz Aquila. Bevor sie am Morgen in den Ochsenstall gingen, hatten sie schon die heilige Messe besucht. Ohne den Beistand des Himmels, so sagten sie immer meiner Schwester Margherita und mir, gibt es kein fröhliches Menschenherz.

Und mir hat der Beistand von oben vor 25 Jahren eben gerade Ratzinger geschenkt, zunächst als Bischof und später dann als Kardinal. Er war Stammgast in meinem Lokal, das ich seit 1962 betreibe, nachdem ich zuvor zu den Olympischen Spielen von 1960 in einem Schnellimbiss praktische Erfahrungen gesammelt hatte.“
Auch ausländische Zeitungen schreiben, dass sein Lokal wirklich das Restaurant Benedikts XVI. sei. „Das ist die Wahrheit, und das sage ich erhobenen Hauptes. Meine Frau Augusta und ich kennen uns schon von klein auf aus Capitignano. Dort haben wir geheiratet. Alles haben wir aufs Spiel gesetzt, um hier, nur wenige Schritte vom Vatikan, dieses Lokal zu eröffnen. Eines Tages werden wir für Bischöfe und Kardinäle kochen, haben wir uns geschworen. Und so ist es gekommen.“
„Ratzinger kam durch Zufall hierher, so wie heute Kardinal Martins oder gestern der von Boston, der im Rollstuhl sitzt. In der ersten Zeit kam Ratzinger mit seiner Schwester Maria, die viel älter war als er. Sie kamen immer gemeinsam mit Bischof Mayer und dessen Schwester. Erst haben sie etwas gegessen und dann unterhielten sie sich lange auf Deutsch.“ Was das bevorzugte

Menü des heutigen Papstes war? „Spaghetti alla carbonara, zwei Scheibchen Kalbfleisch, Artischocken auf römische Art und ein wenig Mürbeteigkuchen mit Marmelade, die meine Frau macht." Ein Foto von Ratzinger hat er jedoch nie gemacht. „Ich habe zwei Kinder, Antonello, der nun langsam die Führung des Lokals übernimmt, und Giulia, die eine Parfümerie besitzt. Antonello ist ein Dickkopf wie ich: ‚Wir dürfen mit den Fotos der Gäste keine Reklame machen', sagte er immer, und heute gebe ich ihm Recht." Ratzinger hat seine Familie wirklich sehr gemocht, auch Billy ... „Ja, Billy, das war unser Hund, kein reinrassiger. Sein Fell war schwarz, und nur das Maul war weiß-braun. 18 Jahre hatten wir ihn. Aus Achtung vor den Gästen hielt ich ihn außerhalb des Lokals, doch Ratzinger ging ihn immer besuchen und hätschelte ihn. Drei Tage vor dem Konklave kam Ratzinger zu uns. ‚Wie geht es Billy?', fragte er mich. Und als ich ihm sagte, dass Billy gestorben sei, tat es ihm sehr leid." Viele Gäste kommen auch, um seine Rezepte auszuspionieren. „Vor allem die Deutschen. Und dann wollen sie immer das ‚Menü des Papstes' essen und auf dem von ihm bevorzugten Platz sitzen."

Seitdem Ratzinger Papst geworden ist, hat er ihn nicht noch einmal getroffen. „Ich habe ihm aber einen Gruß geschickt: ‚Heiligkeit, herzlichen Glückwunsch! Und wenn Sie Ihr Lieblingsmenü möchten, schicke ich es Ihnen gern.‘ Meiner Frau jedoch hat er eine Privataudienz gewährt. Sie leidet nämlich an einem Bandscheibenschaden. Und es ist schon merkwürdig, aber seit diesem Gespräch geht es ihr besser.“

Wie wird es wohl hier im Restaurant zu Weihnachten werden, ohne Ratzinger als Gast? „Wir werden alle von ihm erzählen, vom guten und bescheidenen Papst. Doch um ‚seinen‘ Tisch werden wir sitzen, meine Frau und ich mit unseren drei Enkeln.“

Der päpstliche Schuhmacher aus Perù

Antonio Arellano stammt aus Perù, aus Trujillo, der Stadt der Schuhe, acht Autostunden von der Hauptstadt Lima entfernt. „Mein Vater ist Schuhmacher und ich bin der Jüngste von vier Geschwistern, alle Schuhmacher, außer meiner Schwester." Mutter Rosa war gar nicht einverstanden, dass Antonio, kaum 20 Jahre alt, gemeinsam mit seiner Frau Isabel nach Italien reiste. „Sechs Monate vor der Abreise wurde zudem noch mein Sohn Daniel geboren. Wir haben ihn bei der Oma gelassen. Als wir in Rom landeten, hatten wir im Koffer mehr Schusterhandwerkszeug als Kleidung."
In einer albanischen Schuhfirma findet er Arbeit. „Wir nehmen dich für eine Woche zur Probe, sagten sie mir. Aber nach zwei Tagen haben sie verstanden, dass Schuhe mein Leben sind. Ich nähte, formte, wechselte Absätze, alles wie im Flug. Schließlich stellten sie mich ein. Meine Mutter brachte uns Daniel nach Ita-

lien. Drei Jahre blieb ich in dieser Firma. Dann habe ich dieses kleine Geschäft in Borgo Pio gefunden, in der Via del Falco. Mit eigenen Händen hab´ ich es aufgebaut, mit Hammer und Nagel, wie einen großen Schuh. Du bist in der Nähe von St. Peter, du wirst sehen, der Papst wird dir helfen, sagten mir immer wieder meine Mutter Rosa und Isabel."

In Borgo verbreitete sich eine Nachricht: Antonio Arellano ist ein ausgezeichneter Schuhmacher, doch vor allem hat er ein Herz aus Gold. „In meinen bescheidenen Verhältnissen machte ich niedrige Preise für alle, für gewöhnliche Leute, aber auch für Ordensschwestern, Priester, Kardinäle." Kardinäle? „Natürlich! Viele glauben, dass es „besondere" Leute seien. Stattdessen kommen sie mit ihren Schuhen in einer Plastiktüte und möchten sie repariert haben. Unverzüglich bringe ich sie in Ordnung. Sie sitzen dort auf der Bank, so wie alle anderen Kunden." Und wann ist er der Schuster des Papstes geworden? „Eines Sonntags schaute ich mir im Fernsehen eine Zeremonie auf dem St. Petersplatz an. Da sah ich Johannes Paul II. unter dem großen Baldachin auf dem Thron sitzen. An den Füßen trug er ein Paar kirschrote

Schuhe, die ich angefertigt hatte. Als ich es meiner Frau sagte, schrie sie vor Freude auf."
Unter den Kardinälen, die auf seinem Schemel saßen, um auf ihre Schuhe zu warten, ist auch Kardinal Ratzinger gewesen. „Ein bescheidener Mensch, wenn ich nicht mit ihm ein Gespräch angefangen hätte, hätte er mich arbeiten lassen, ohne auch nur einen Mucks zu sagen. Jetzt ist er Papst und kann nun nicht mehr selbst kommen und seine Schuhe zur Reparatur bringen. Es kommt einer seiner Helfer mit einem großen blauen Auto. Auch die Schuhe, die ich für seine Reise nach Polen gemacht hatte, habe ich repariert. Für ihn mache ich rote Schuhe, aber auch aus schwarzem Leder."
Es ist schön, dass sich der Papst die Schuhe reparieren lässt und keine neuen Schuhe kauft, wie es viele Menschen machen. „Mit seiner Demut gibt er uns allen ein Beispiel. Es ist besser, mit einem reparierten Absatz herumzulaufen und das Geld den Armen zu geben. Wissen Sie, dass er mir ein Kruzifix geschenkt hat und dass er mir zwei Briefe schrieb? Das Kruzifix bewahrt meine Frau auf, in einer Schachtel mit rosa Seide. Die zwei Dankesbriefe mit seinem Segen habe ich jeweils erst eine Woche, nach-

dem ich sie bekommen habe, geöffnet. Ich brauchte sie nur zu berühren und auf das Wappen auf dem Briefumschlag zu schauen, da war ich schon tief bewegt."

Eines Tages geschah ein kleines Wunder, das seinen Glauben stärkte. „Das war 2001. Wir waren im Urlaub in Peru, und meine Frau stürzte mit dem Auto bei Trujillo von einer Brücke in den Fluss. Sie hatte sich die Hüfte gebrochen, hatte innere Blutungen und lag viele, viele Ta-ge im Koma. Die Ärzte glaubten, sie würde es nicht überleben. Doch ich habe gemeinsam mit allen befreundeten Kardinälen und allen Schwestern von Borgo Pio gebetet. Das Gebet hat gesiegt. Nun ist sie wieder hier mit uns. Sie hilft meinem Sohn Daniel im neuen Schuh-geschäft in der Via De Gasperi."

Empfangen hat der Papst ihn nie. „Für einen Schuhmacher wä-re das eine zu große Bitte an den Himmel."

Ratzinger schmeckte meine Pizza „Boscaiola"

Er ist in Visso geboren, „demselben Ort in der Provinz Macerata, in dem Präsident Sensi auf die Welt kam", sagt er mit Stolz. Der Vater war Landwirt, seine beiden Brüder und er waren Alpenjäger beim Militär: „Zuerst in Belluno, dann in Agordo, in der Nähe von Cortina. Gemeinsam mit meinem ältesten Bruder Fausto hatten wir uns entschieden, gleich nach dem Militärdienst Rom mit Pizza zu erobern."

Gerade in der Hauptstadt, in den 60er Jahren, gab es schon eine Menge Pizzerien. „Überall, nur nicht in Borgo Pio", meint Bruno mit von Mehl bedecktem Gesicht, einer weißen Baskenmütze auf dem Kopf und noch viel Lebenselan, obwohl er schon an der Schwelle zur Rente steht. „Hier, um den Vatikan, gab es nur die Pizzeria meines Cousins Antonio Spuri, der mit seinem Schwiegervater zusammenarbeitete. Auf Raten haben wir sie ihnen abgekauft. Im September '73 habe ich dann meine erste ganz

eigene Pizza aus dem Ofen gezogen: Niemand hier in Borgo konnte unserer Pizza etwas Besseres entgegensetzen."
Ihre erste Backstube nannte sich ‚Pizza rustica – mit über 40 Varianten', denn das Geschäft in Borgo Pio hatte ja die Hausnummer 40. „Es gab einen richtigen Ansturm von Touristen, Einheimischen, Monsignori, Kardinälen, Schweizergardisten. Zwölf Jahre hatten wir dort das Geschäft. Dann, 1985, sind wir in die 27/a umgezogen, also nach ‚Vecchio Borgo'."
Über seine „Ofen-Kreationen" sagt er: „Ich bin immer meinem Instinkt gefolgt. Stellen Sie sich vor, ich war nur ein einziges Mal in Neapel, der Stadt, in der die Pizza erfunden worden sein soll. Die Künstler vom Konservatorium Santa Cecilia, das hier neben dem Geschäft war, waren völlig verrückt nach der ‚Pizza all'amatriciana': Tomaten, Bauchfleisch, Peperoncino und Schafskäse. Die Sänger gestanden mir, dass die Schärfe ihren Kehlen wohltat. Dann die ‚Bombe', das ist ein geröstetes Weißbrot, gefüllt mit Kochschinken, Peperoni, getrockneten Tomaten, Mozzarella, Pilzen und Auberginen." Wer sein vertrauter Koster war? „Mein Bruder Fausto, doch der stand hinterm Tresen.

Deshalb war es vor allem meine Frau Maria Teresa, sie ist eine Feinschmeckerin aus den Marken. Ich habe sie am 23. Juli vor dreißig Jahren geheiratet. Mit meinen Pizzen hat sie fröhlich zwei Kinder zur Welt gebracht: Marco und Valenti-na, beide in St. Peter getauft." Dreißig Jahre verheiratet – wie sie das gefeiert haben? „In einer Pizzeria in der Nähe. Sie hatte eine Pizza Margherita und ich eine Pizza Vier Jahreszeiten."

Unter den Persönlichkeiten, die seine Pizzeria betraten, gab es vor einigen Jahren jemand ganz besonderen. „Das war Kardinal Ratzinger. Er wollte unsere Pizzen kosten. Mein Bruder kann sich noch gut erinnern, er nahm die Bestellung des künftigen Papstes entgegen. Der Kardinal bevorzugte die Pizza alla Boscaiola (Pizza nach Holzfällerart): mit Wurst, Pilzen und Mozzarella. Die Zutaten erinnerten ihn an seine Heimat." Ratzinger beflügelt ihn auch heute noch, nach so vielen Jahren. „Wenn ich die Augen schließe, träume ich davon. Leider konnte ich ihn vom Ofen aus nicht sehen. Mein Bruder sagte mir nur: „Es hat ihm geschmeckt. Er hat dir ein großes Kompliment gemacht." Wer weiß, vielleicht hat der Gedanke an diesen

Gast, den uns der Himmel schickte, auch meinen Sohn Marco, der eigentlich Techniker ist, dazu gebracht, mir jetzt hier im Geschäft zu helfen."

Einmal gab es, zwischen einer Pizza und der nächsten, auch ein kleines Wunder: „Im Mai 2001 ist ein Ventil an der Friteuse geplatzt. Es gab eine riesige Stichflamme. Fünfzehn Minuten dauerte das schreckliche Feuer. Normalerweise verlasse ich den Ofen nie, aber als das geschah, war ich grade an die Bar gegangen, um einen Kaffee zu trinken, und Fausto war zur Beerdigung des Schwagers unterwegs. Ja, wirklich, wie durch ein Wunder blieben wir unverletzt." Heute ist die Konkurrenz der vielen Pizzerien in Borgo Pio groß. „Na, mit meiner ‚Boscaiola', die mit dem Lächeln Ratzingers gesegnet ist, fordere ich alle Pizzabäcker der Welt heraus."

Den Uhrmacher des Papstes nennen sie „Schweizer"

„Der Schweizer" – so nennen ihn die Leute, wenn sie von ihm sprechen, denn seit 1973 ist er der Uhrmacher Nr. 1 in Borgo Pio. „Doch das Herz ist das eines Römers, eines Träumers", antwortet der 60jährige Francesco Rocchi gewöhnlich. Sein Geschäft ist ein einziges Tick-tack. „Das habe ich alles von meinem Vater Armando geerbt. Bevor er Uhrmacher wurde, machte er alles Mögliche, und das mit Leidenschaft. Er verkaufte am Bahnhof Sitzkissen, als die alten Züge noch Holzbänke hatten; er war Röntgentechniker, Geigenbauer und seit 1945 ein verkanntes Genie für Pendel- und Armbanduhren." Um in seine Fußstapfen zu treten, hat Francesco Rocchi das Studium an der Handelsschule abgebrochen. „Mein Vater war ein echter Gentleman und war auf unglaubliche Weise De Gasperi ähnlich, er verzauberte alle. Mit 14 Jahren, das war 1962, arbeitete ich schon an seiner Seite im Hinterzimmer."

Der Vater verzauberte sozusagen auch Paolo

Gusso, den Hausangestellten von Papst Johannes XXIII. „Der brachte ihm dann die Uhren des Papstes zur Reparatur. Ich erinnere mich noch, mit wie viel Liebe er über diesen ‚heiligen Zeigern' saß. Du musst dich daran gewöhnen, sagte er mir. Wer weiß, wie viele Päpste noch zu dir mit ihren Uhren kommen." Als der Vater und später die Mutter gestorben waren, schenkte man ihm dasselbe Vertrauen. „Ich reparierte Uhren Tag und Nacht, ohne zu wissen, wem sie gehörten. Schwestern brachten sie mir im Auftrag von Bischöfen und Kardinälen. Doch eines Tages glaubte ich zu träumen, als Paolo Gusso mir eine einfache, aber geheimnisvolle Uhr zur Reparatur anvertraute ... Als ich mich an die Arbeit machte, kam Arturo Mari, der Fotograf Johannes Pauls II. ins Geschäft: ‚Aber das ist doch die Uhr Seiner Heiligkeit', sagte er und küsste sie." Und von da an reparierte er alle Uhren von Wojtyła.

„In den vielen Jahren seines Pontifikats hatte ich vielleicht so acht Uhren in Reparatur. Im Fernsehen sah ich sie dann immer an seinem Arm, wenn er die Gläubigen grüßte. ‚Da ist deine Uhr', riefen meine Schwestern. Die ersten hatten ein Lederarmband, später waren es elastische Metallarmbänder. Die waren praktischer für den Papst anzulegen, der ja dann erkrankte."

Auch eine Privataudienz wurde ihm gewährt. „An einem Sonntagnachmittag, es war der 5. Mai 1997, ruft mich plötzlich Gusso an: ‚Lauf, heute empfängt dich der Papst mit deiner Frau Anna Maria und deinem Sohn Andreas in Privataudienz!'' Es war wie im Traum. ‚Das ist Ihr Uhrmacher', sagte Arturo Mari zum Papst. ‚Aha, also wegen dem komme ich immer zu spät', lachte er. Und sofort umarmte er meinen Sohn, der damals neun Jahre alt war."

Aber es gab auch Albträume ... „In den 80er Jahren habe ich einen Raubüberfall erlitten: Ein Räuber kam mit einer Maske über den Kopf ins Geschäft, richtete seine Pistole auf mich und drückte ab. Wie durch ein Wunder war einen Augenblick zuvor der Ladestreifen herausgefallen, denn der Räuber hatte mit dem Handgriff der Waffe einen Kunden geschlagen. Er nahm fast den gesamten Inhalt des Tresors mit sich." Heute ist Francesco Rocchi lebendig, gesund und munter, wenn man von den Rückenschmerzen absieht, weil er beim Arbeiten immer gebeugt sitzt. „Ja, das Hüftleiden. Vor

vier Jahren habe ich mir hier ein Bett aufgestellt, auf dem ich mich ausruhen kann, während meine Frau am Computer die Abrechnung macht.“
Und Papst Ratzinger? „Am Tag nach seiner Wahl hat mir sein Chauffeur Cicchetti seine kleine quadratische Uhr gebracht. Das schwarze Armband sollte ich gegen ein weißes austauschen. ‚Lassen Sie auch die Batterien überprüfen!‘, hatte der Sekretär des Papstes, Mgr. Georg, dem Fahrer mit auf dem Weg gegeben. Doch die Uhr war noch zum Aufziehen. Ich rief sofort den Monsignore an, und der begann zu lachen: bei dieser großen Freude hätte er nicht so darauf geachtet.“

Hunde und Katzen von Wojtyła und Ratzinger

„Vor zwölf Jahren hatte ich alle gegen mich. Was, du willst in Borgo Pio ein Geschäft für Hunde und Katzen eröffnen? Hier kann man Devotionalien verkaufen! Du bist ja wahnsinnig! So etwas bekam ich von meinen Freunden ständig zu hören. Doch ich heiße nicht umsonst Francesca: mein Namenspatron hat mit Spatzen gesprochen und Wölfe gezähmt. Im Herzen wusste ich den hl. Franziskus auf meiner Seite, für den praktischen Beistand waren Mama und Papa da."

Francesca ist 43, blond, trägt die Haare kurz und hat eine athletische Statur. Sie ist stolz auf ihre Zoohandlung in der Via Porta Castello. In der ganzen Gegend um den Vatikan gibt es nur sie allein, die mit Hunden und Katzen handelt. „Das Geschäft bekam ich als Belohnung von meinem Vater: drei Jahre habe ich als Serviererin in England gearbeitet und weitere drei Jahre in einer Veterinärpraxis in der Via Bal-

duina." Sie hat kräftige Arme. „Einmal um mich verteidigen zu können, wenn mich jemand hier bei der Arbeit stören will, und zum anderen muss ich ständig schwere Säcke mit Trockenfutter für die Hunde heben. Jeden Abend, wenn ich mit meiner Angestellten Michela und meinem Bruder Stefano das Geschäft schließe, gehe ich mit meinem Trainer Marcello ins Fitnessstudio zum Schwitzen."
Wer weiß, wie viele berühmte „Herrchen" bei ihr etwas gekauft haben. „Aus der Schauspielerszene waren es zum Beispiel Maria Grazia Cucinotta, Mechele Santoro und Sabrina Ferilli. Aus der Sportlerszene war es der Mittelstürmer von Lazio Rom, Rocchi, der hat zwei ganz naschhafte Labradore und bedankt sich immer wieder mit Autogrammen. Ich bin wohl einer der nur wenigen Laziofans hier in Borgo Pio." Und mit dem Vatikan, wie gehen da die Geschäfte? „Mit den Monsignori und Kardinälen gibt es eine so freundschaftliche und respektvolle Beziehung, dass es mir schwerfällt, von ihnen Geld zu verlangen. Dann kommen auch Schwestern, italienische und ausländische. Sie kaufen vor allem Futter für Kanarienvögel und Papageien. Sie erzählen

immer, wie das Zwitschern in den Konventen viel Freude macht.“
Als Papst Johannes Paul II. gestorben ist, hat sie eine ganze Woche lang vor dem geschlossenen Geschäft gesessen und nur geweint und gebetet. „Ich bin zwar keine Betschwester, aber in meinem Nachttisch bewahre ich zwei Rosenkränze von diesem großartigen Papst auf. Bei herabgelassenen Rollläden hatte ich Zeit für tausende Erinnerungen, Gedanken und gute Vorsätze.“
Dann kam Benedikt XVI. mit seinen Katzen, und TV-Sender aus aller Welt gaben sich in ihrem Geschäft die Klinke in die Hand. „Die kamen sogar aus Japan. Doch ich konnte weder ja noch nein sagen: Ich weiß, dass der neue Papst drei Katzen besaß, doch ich kannte weder die Hausangestellten noch die Sekretäre, wenn sie kamen, um Futter für die Tiere zu kaufen. Bis heute kenne ich sie nicht. Ganz sicher weiß ich, dass Papst Ratzinger seine drei Katzen nicht verlassen hat. Vielleicht leben sie noch in der alten Wohnung Seiner Heiligkeit an der Piazza Cittá Leonina.“
Unter ihren vierbeinigen Freunden gibt es einen Hund, den sie im Geheimen besonders

liebt. „Nerone, das ist ein ganz lieber Hund. Er gehört Cichetti, dem Chauffeur des Papstes, der den legendären Sabatino hinterm Steuer des päpstlichen Wagens abgelöst hat." Francesca senkt etwas den Kopf, sie ist schüchtern und diskret. Nur bei ausgeschaltetem Mikrofon erzählt sie vom letzten Besuch Johannes Pauls II. in Assisi. In einem der vielen Körbe, gefüllt mit Obst und Blumen, die die Gläubigen dem Papst schenkten, war auch ein Welpe, ein kleiner Wattebausch mit nussbraunen Flecken. Der Papst war ganz bewegt, er nahm das Geschenk und vertraute es dem Chauffeur an. ‚Cichetti, das ist Ihrer. Sorgen Sie gut für ihn!' "Und Cichetti", erzählt Francesca, „kommt immer zu mir, um seinen Hund waschen zu lassen. Der ist nun schon sechs Jahre alt. Ich muss gestehen, für Nerone reserviere ich immer das beste Hundefutter."

Ich habe Ratzingers Brille gemacht

„Eminenz, lesen Sie jetzt bitte die dritte Zeile ... nun die Vierte ...“ Diese Szene spielte sich im Januar 2005 ab. Kardinal Joseph Ratzinger unterzieht sich einem Sehtest beim Optiker. Wir befinden uns im „Hinterzimmer“ des Optikergeschäfts von Gladio und Walter Colantoni. „Das war die letzte Augenkontrolle des weitsichtigen Kardinals“, erzählt Gladio. Nach wenigen Monaten wurde er Papst, und so konnte er persönlich nicht mehr kommen, um seine Brille richten oder reparieren zu lassen.“
Wir sind in Borgo Pio, in dem Geschäft, das Mutter Bianca und Vater Silvio vor dreißig Jahren eröffnet haben. „Sie kamen aus dem Sabina Bergland und arbeiteten zahn Jahre lang in einem kleinen Geschäft in der Via Balduina. Dann sind sie hierher umgezogen und bekamen von zwei frisch diplomierten Optikern, von meinem Bruder und mir, Unterstützung. Mein Vater sagte uns: ‚Regel Nr. 1: Unsere

Freude auf die Kunden übertragen, den Pensionären mit den Preisen helfen und größte Achtung vor Prälaten'." Die ersten Kunden aus dem Vatikan klopften sofort an ihre Tür. „Bischöfe aus aller Welt kamen zur Bischofssynode. Und der väterlichen Regel entsprechend halfen wir den Bischöfen aus den armen Ländern. Sie brachten uns ärztliche Rezepte von Priestern, Schwestern und verzweifelten Leuten aus ihren Ländern. Gut, wir arbeiteten gratis. Wer weiß, vielleicht gewannen wir damit die Sympathien des Vatikans."

Seit 1979 ist er hier, zunächst im Kielwasser von Papst Luciani, dann von Johannes Paul II., der allerdings nicht sein Kunde war? „Nur wenige wissen, dass er nur mit einem Auge perfekt lesen konnte, und mit dem anderen sah er uns nur von weitem. Es war unmöglich, sich ihn mit Brille vorzustellen. Kardinal Ratzinger kam stattdessen 1988 das erste Mal zu uns, mit seinem schwarzen Mantel und seiner Baskenmütze. „Jungs", sagte er zu Walter und mir, „ich brauche euch, damit ich meine Bücher lesen und schreiben kann." Demütig und bescheiden, er schien ein einfacher Monsignore zu sein.

Gladio erzählt, dass er auch in den Vatikan geht, um dort Sehtests zu machen. „Mein Bruder und ich, wir machen uns mit unserem Gerätekoffer auf den Weg und kümmern uns auch um die Augen von bedeutenden Kardinälen, wie zum Beispiel seine Eminenz Giovanni Batista Re." Auch die Mitarbeiterin des Papstes, Frau Stampa, kommt zu ihnen. „Sie kommt oft mit dem Fahrrad hier vorbei. Durch das Lesen der Bücher und Klavierpartituren ist sie auf die Brille angewiesen. „Wir haben ihr schon fünf, sechs Brillen gemacht." Und für den Papst? „Sieben oder acht. ‚Machen Sie mir eine robuste Brille, denn sie soll lange halten', sagte er uns. Wenn wir jetzt fernsehen, schauen wir immer, ob der Papst noch unsere Brille trägt."
Ob es in seinem Leben kleine Wunder gab? „Für Benedikt XVI. arbeiten zu können, damit er besser sehen kann, und die Heilung meiner Frau von einer schweren Krankheit. Das waren zwei wunderbare Gefühle." Er ist in St. Peter gefirmt worden und kehrt regelmäßig an diesen Ort zurück. „Jedes Weihnachten. Zuerst an die Krippe auf dem Petersplatz und dann in die feierliche Weihnachtsmesse." Zu Weihnachten werden Gladio und Walter gemeinsam ins Staatssekretariat

gehen: Sie müssen viele Brillen in die entferntesten und ärmsten Nuntiaturen schicken. „Wir wollen denen ein lichtreiches Weihnachten schenken, die es wirklich verdienen."

Dank seiner Optiker hat Benedikt XVI. stets den Durchblick.

Eine Apotheke ganz nahe am Himmel

„Alles Gute zum Geburtstag, Bruder Joseph!“ Es ist der 5. August und einer nach dem anderen kommen die 45 Angestellten und sechs Brüder, die in der Apotheke des Vatikans arbeiten, in sein kleines Büro, um ihm zu seinem 42. Geburtstag zu gratulieren. Joseph, der junge Apothekenleiter der Barmherzigen Brüder, bedankt sich bei jedem mit einem strahlenden Lächeln. Er ist Inder, geboren in Kerala, und stammt aus einer Bauernfamilie, die reich an Kautschukbäumen und Kindern ist: sieben Geschwister sind sie.

Neun Jahre arbeitet Bruder Joseph schon in der Apotheke, die, wie er immer sagt, „dem Himmel ganz nahe ist“. Da wird er 2002 von Kardinal Edmund Zchoka zum Stellvertretenden Apothekenleiter ernannt und ab dem 1. Januar 2007 zum Leiter. Ein magerer Mensch mit rabenschwarzen Augen, aus denen der Geist sprüht, und einer Stimme, die sofort alle Sympathien gewinnt. Mit uns spricht er Italienisch (das hat er 1997 innerhalb von zwei Monaten gelernt, als er in der Krankenhausapotheke der Barmherzigen Brüder auf der Tiberischen Insel arbeitete), doch man könnte mit ihm auch in zwei indischen Dialekten sprechen, in Tamil oder Maleayalam, sowie in Englisch oder Deutsch.

„Besuch empfange ich im Büro, doch normalerweise stehe ich seit dem ersten Tag nach meiner Ankunft wie meine Mitarbeiter hinterm Ladentisch. Denn ich möchte denen nahe sein, die eine Behandlung brauchen. So kann ich mich auf die Seite der Schwachen stellen, wie ich es im Seminar in Madras gelernt habe. Dort wurde ich entgegen dem Willen meines Vaters zum Bruder ausgebildet. Im Durchschnitt kommen täglich 1.500 Kunden zu uns. Sie gehören zum Vatikan oder kommen von außerhalb: Schwestern, Bischöfe, Kardinäle. Die Kardinäle stellen sich hinten in der Schlange an und warten mit dem Rezept in der Hand. Kardinal Lajolo, der Präsident des Gouvernements, ist für uns alle ein Beispiel für Demut, auf den bin ich wirklich stolz."

Und wenn Rezepte für den Papst kommen? „Da

fühlst du dich wie der Nabel der Welt. Doch die Päpste hatten schon immer eine Vorliebe für die Vatikanapotheke. Ich weiß, dass Paul VI. jeden Sonntag von Castel Gandolfo aus einen Korb voll Obst an die Barmherzigen Brüder schickte. Johannes Paul II. hat mich in seiner Wohnung empfangen. Sicher, er gab mir Arbeit auf, aber er interessierte sich auch dafür, wie es in Indien mit Berufungen aussieht. 1986 kam er dann nach Kerala zur Seligsprechung der Klarissenschwester Alfonsa. Sie war an Tuberkulose erkrankt und starb jung und völlig allein, von allen gemieden aus Angst vor Ansteckung. ‚Sie war zweimal geschlagen', sagte der Papst, ‚einmal durch das Fehlen der Medizin und zum anderen durch den Mangel an Liebe'. Kommenden 12. Oktober wird sie heiliggesprochen."

Auch Benedikt XVI. behandelt er. „Für mich ist er wie ein zweiter Vater. Mit ihm kann man tiefe Gedanken austauschen, doch dabei ist die Atmosphäre immer heiter. ‚Kattackal, Ihr Name ist wirklich merkwürdig', sagte er zu mir in Gegenwart von Kardinal Lajolo. Der jedoch bestand auf eine andere Aussprache meines Namens als der Papst. ‚Wer von uns hat Recht?', fragte Benedikt XVI. ‚Selbstverständlich der Papst', antwortete ich. Und alle drei haben wir herzlich gelacht. Ein anderes Mal sagte er mir am Fest der hl. Anna: ‚Ihr tragt dazu bei, dass ich länger lebe, mein Leben ist in euren Händen.' Das löste in meinem Herzen ein kleines Erdbeben aus."

Auf seinem Schreibtisch liegt die Bibel. „Das ist das einzige Buch, das meinem Herzen Frieden schenkt. Alle sechs Monate führe ich mit jedem einzelnen Mitarbeiter ein persönliches Gespräch. Ich bete mit ihnen. So habe ich zwei jungen Frauen geholfen, mit dem Rauchen aufzuhören." Zwei Brüder seines Ordens assistieren seit 1500 den Kardinälen während des Konklaves. „Die Kirche verlässt sich auf uns. Hier wird auch nachts gearbeitet, 24 Stunden rund um die Uhr. Immer haben zwei unserer Brüder, zwei Krankenpfleger, Nachtbereitschaft. Die Gesundheit des Papstes ist heilig, und wir verehren ihn."

Die Apotheke wurde 1874 im Hof von San Damaso eröffnet. An dieser Stelle befindet sie sich seit 1917. Wie lange er noch Leiter bleiben wird? „Das frage ich täglich Gott, wenn ich am Morgen um 4 Uhr zum Gebet aufstehe. Mein

Vorgänger, Bruder Fabiano, hat bis zum 81. Lebensjahr ausgehalten. Aber ob ich ihm das nachmache?“

Die Apotheke des Vatikans im Hof von San Damaso.

Der Elektriker des Hauses Ratzinger

„Gerade stand ich oben auf der Leiter und reparierte eine Lampe in der Küche der Wohnung von Kardinal Ratzinger in Cittá Leonina. ‚Seien Sie vorsichtig, Herr Angelino', sagte er wiederholt, ‚ich hänge sehr an Ihnen, verletzen Sie sich nicht meinetwegen!' Nun, seitdem er Papst ist, repariere ich die Dinge für ihn hier in meinem Geschäft und schicke sie ihm durch seine Mitarbeiterin, Frau Stampa, zurück in den Vatikan." Als der 70jährige Elektriker Angelo Mosca im Nebenraum seines Geschäftes in Borgo Pio 53 diese Episode erzählt, ist er ziemlich bewegt. Doch bevor er in jener Küche auf die Leiter stieg, hatte er bereits eine Menge erlebt.

„Als ich geboren wurde, war das Viertel Monte del Gallo völlig verrufen. Nach dem Krieg hatten von hundert Freunden nur drei oder vier das Gefängnis überlebt. Wir haben gehungert. Mein Vater Claudio war Verkäufer und verkaufte auf dem Petersplatz Heiligenbilder. Meine Mutter Annunziata kochte in der Schule und machte dort auch sauber. 1949 habe ich versucht, in fünf Sprachen ein paar Worte zu lernen, um Vater beim Verkauf von Karten zum Heiligen Jahr zu helfen. Er tat immer so, als wäre er ein Griesgram, doch sonntags früh um 7.30 Uhr zog er mir die Bettdecke weg. ‚Auf! Zur Messe!‘, rief er. Heute bin ich ihm dafür dankbar, aber auch dem Pfarrer der Gemeinde von Monte San Gallo, Don Giuseppe, der mich in der Mannschaft von San Gallo Fußball spielen ließ.“

Wie er dann Elektriker geworden ist? „Es war meine Mutter, die für mich bei einem der Marktverkäufer von Cavalleggeri eine Stelle als Ladengeselle ausfindig machte. So gelangte ich hier in dieses Geschäft und verdiente 100 Lire am Tag. Nachdem ich ein paar Stromstöße weggesteckt hatte, habe ich dieses Handwerk gelernt. Dann habe ich 1961 Vanda geheiratet, und wir haben uns sozusagen als Hochzeitsgeschenk dieses Geschäft beschert.“ Er hat damit begonnen, für die Dombauwerkstatt von St. Peter zu arbeiten. „Die kümmert sich um alle Reparaturen in der Basilika und in den Sa-

kristeien, und wir gehörten sozusagen dazu. Heute sind wir unabhängige Elektriker und arbeiten für Bischöfe, Kardinäle und für Seine Heiligkeit."
Vom Hungerleider zum Elektriker des Vatikans – dieser Aufstieg scheint wie ein Traum. „Doch mitten in diesem Märchen kam es leider auch zu einer Hirnblutung bei meiner Frau. Das geschah ganz unversehens, als wir in Fregene auf der Straße liefen. Am achten Tag im Koma hatten die Professoren der Gemelli-Klinik sie schon für tot erklärt. Es war die Nacht vom 19. März 1983. Zwei Tage später sollte der Seligsprechungsprozess von Pater Pio eröffnet werden. Ich konnte nicht schlafen. ‚Wenn du wirklich ein Heiliger bist', sagte ich zu Pater Pio, ‚dann beginne deinen Prozess mit einem Wunder!' Instinktiv stieg ich nachts um 2 Uhr in ein Taxi und fuhr in die Gemelli-Klinik. Ich stieg die Treppen hinauf, bis zur Abteilung, wo meine Frau lag. Dort treffe ich einen Pfleger, der genauso wie ich Angelo heißt, und der sagt mir: ‚Wissen Sie, als ich vorhin Ihrer Frau mit einer Schere in den Fuß gezwickt habe, da hat sie reagiert!' Schließlich wurde sie operiert und vollständig geheilt. Seit jener Nacht bin ich ein

Verehrer von Pater Pio und von Bruder Daniele, seinem treuesten Freund, der mir die Geburt meines Sohnes vorhergesagt hat."
Hat er Ratzinger davon erzählt? „Ich verrate ein Geheimnis. Frau Stampa verschaffte mir bei ihm eine Privataudienz. Eine Stunde lang war ich beim Papst, und er hörte mir schweigend zu, wie ein großer Bruder. Ich gestand ihm das Wunder. Danach wollte er mich mit der ganzen Familie empfangen." Vielleicht hat er schon vorher geahnt, dass Ratzinger Papst werden könnte. „Jedes Mal, wenn mir Frau Stampa etwas zum Reparieren brachte, machte ich immer die Rechnung in der Art: ‚Es würde 30 Euro kosten, doch ich mache es für 25 ... Den Rest hole ich mir, wenn Ihr Kardinal Papst geworden ist ...' Heute bitten mich die jungen Monsignori, wenn sie mir etwas zum Reparieren bringen, um Preisnachlass, denn ‚man weiß ja nie ...' sagen sie."

Ein Schneider singt im Vatikan das Ave Maria

Der hl. Augustinus sagte: „Wer gut singt, arbeitet und betet doppelt.“ Diese Worte des Heiligen sind das Lebensmotto von Gilberto La Scala, 76 Jahre alt und seit 1952 in Rom lebend. „Ich war das sechste Kind von zehn Geschwistern, alle in Candidoni, in der Nähe von Reggio Calabria, geboren. Meine Mutter stammt aus Gaetano, war Analphabetin, hatte aber einen starken Glauben. Sie mühte sich für uns am Webstuhl ab. Als mein Vater nicht mehr war – er starb 1948 – hat sie uns Kindern ihre ganze Kraft geschenkt.“

Und was waren Gilbertos Stärken, als er nach Rom kam? „Nadel, Faden und Schere, um als Schneider zu arbeiten, eine Stimme, um in den Restaurants von Trastevere zu singen, und ein starker Glaube. Mit sechs Jahren machte ich schon Ärmelschoner und viele Zuarbeiten, auch in anderen Schneiderwerkstätten des Ortes. Mit zwanzig bin ich Meister Barandoni begegnet: Ich fertigte ihm die wichtigen Kleider an, wie Frack, Smoking, Tight, und er lehrte mich gratis napolitanische Lieder."

In Gilbertos Schneiderwerkstatt in Borgo Vittorio hängen an der Wand ein vergilbtes Plakat von einer Musikveranstaltung und daneben ein Portrait von Johannes XXIII. Beides macht sein Leben aus. „Lesen Sie einmal, mit wem ich zusammen gesungen habe: Claudio Villa, Aura D' Angelo, das Cetra Quartett, und die wollten sogar, dass ich nach Südamerika gehe. Aber dann lernte ich Maria kennen, ein römisches Mädchen, das 1958 meine Frau wurde. Und dazu wurde ich mit Marcellino bekannt, dem Leiter des Chores von St. Anna. Da stand ich nun am Scheideweg: weiter singen in den Theatern oder bei Meo Patacca, oder als Ehemann leben und Tenorsolist in der Kirche werden?"

Er wählte die Familie, und der Pfarrer von St. Peter, Mgr. Ruffini, machte ihn zum Interpreten des Ave Maria in der Basilika. „Ich habe in allen Vatikanischen Kapellen gesungen. Einer meiner Förderer war Bischof Van Lierde."

Und die Scheren? Wann wurde er zum Schneider des Vatikan ernannt, auch wenn das nicht so offiziell geschah? „Sieben Jahre bekamen wir keine Kinder, und so akzeptierten Maria und ich die Einladung von Mgr. Nadalin, der uns eine Audienz bei Johannes XXIII. verschaffte. Er sprach mit uns sehr liebenswürdig, sagte, dass er sich um meine Schneiderwerkstatt kümmern werde, und dass wir noch Kinder bekommen würden. Das war eine echte Prophezeiung. Von jenem Tag an wurde hier in Borgo Vittorio die Prozession von hohen Prälaten und einfachen Priestern, die ihre Kleidung ausbessern lassen wollten, immer länger. Ich arbeitete auch für andere Schneiderwerkstätten im Borgo. Doch vor allem bekamen wir im Lauf von zehn Jahren vier großartige Kinder." Gilberto meint, dass das ein kleines Wunder war.

„Es waren traumhafte Jahre: Ich sang in der Basilika für bedeutende Brautpaare, wie zum Beispiel bei der Hochzeit der Nichte von Bischof Van Lierde, und ich kleidete Kardinal Günter Mayer ein, auch den Journalisten Kracht, den Direktor der deutschen Ausgabe des Osservatore Romano." Bei welchem Papst er sich für die Prophetie von Johannes XXIII. bedankt hat? „Bei Paul VI., der uns mit unseren Kindern in einer Audienz empfangen hat." Doch dann wurde das Glück mit einem Mal getrübt. „Unser viertes Kind, die Sara, verstarb 1994 bei einem Autounfall hier in Rom. Ich betete zwar weiter, wenn ich in der Basilika sang, doch hinter der schwarzen Brille versteckte ich meine Tränen."

Seine jüngsten Arbeiten als Schneider und als Sänger: „Mit der Schere gibt es eine Menge Arbeit für die Polizisten von Cittá Leonina, die täglich den Papst beschützen. Als Sänger habe ich zusammen mit meinen drei Enkeln Riccardo, Francesco und Emmanuele „Der liebste Mensch" aufgenommen, eine CD für Johannes Paul II. Er hat sie noch kurz vor seinem Tod gehört. Das ist für mich so, als hätte ich eine Million CDs verkauft und ganz Südamerika erobert."

Ratzinger saß am Tisch Nummer 6

Schweizergardisten: stattlich, bewegungslos, farbig – sie scheinen wie aus einem Märchen zu kommen. Seit einem halben Jahrtausend beschützen sie mit Hellebarden den Papst. Ich folge einer Gruppe bei ihrem freien Ausgang und finde mich schließlich mit ihnen in der „Cantina Tirolese“ wieder, seitlich von Borgo Pio, etwa hundert Meter vom St. Anna-Tor, einem der Eingänge zum Vatikan. Sie gehen zum Abendessen in Gruppen von zehn bis fünfzehn Mann.

Hier in der Cantina bekommen sie Gulasch, Wirsingkohlsuppe und Zwiebeln. Und nach dem Essen singen sie sehnsuchtsvoll immer wieder dieselben schweizerischen Lieder. „Wir sind stolz, sie beköstigen zu können“, sagt Marco Macher, 44 Jahre, der mit seiner Schwester Manuela das Lokal betreibt. Aber noch stolzer sind sie auf Tisch Nummer 6 im Kellersaal. Dort zieht ein Schild an der Wand, genau in der Mitte von acht Plätzen, magisch die Blicke der Gäste an: „Seiner Eminenz, Kardinal Joseph Ratzinger (jetzt Papst Benedikt XVI.) am 19. April 2005". Kurz und gut, dank der Schweizergarde haben wir das Restaurant entdeckt, in das 25 Jahre lang wenigstens einmal wöchentlich zunächst der Bischof, dann der Erzbischof und schließlich der Kardinal Ratzinger zum Abendessen kam. „Mein Vater Roberto und meine Mutter Gertrude haben dieses Kellerrestaurant 1971 eröffnet", erzählt Marco. „Meine Schwester und ich waren noch klein und saßen damals bei unseren Kunden auf dem Schoß. Ob ich noch einen Namen weiß? Pater Martin zum Beispiel, er ist heute Erzbischof von Dublin." Dieses Lokal war das eigentliche Hochzeitsgeschenk, das Vater Roberto seiner Frau gemacht hat. Er ist Italiener und sie Österreicherin aus Graz, die zum Studium nach Rom kommt und hier ihren Mann findet. Der katholische Glaube hat sie verbunden und vertiefte sofort ihre Beziehung. „Ratzinger kam gewöhnlich vor acht Uhr mit seinem schwarzen Köfferchen, in Clergyman, meistens in Begleitung von Freunden. Ich erinnere mich, dass Mama ihn oft mit Fragen über den Himmel bombardierte. Er war immer fröhlich, denn hier fand er die Atmosphäre der bayerischen Gaststuben wieder. Ratzinger mochte Fleischbrühe mit fein geschnittenen Crepes, geräuchertes Schweinefleisch und Strudel. Zum Trinken Orangensaft und einen Finger breit Bier." Es war ein langgehegter Traum der Familie Macher. „Vater hat es gerade noch geschafft, ihn als Papst zu sehen, denn 2006 hat er uns für immer verlassen, mit nur 69 Jahren." Die Mutter hatte dem künftigen Papst die Gesundheit ihres Mannes anvertraut. Die Ärzte hatten ihm nur noch eine Chance von drei Monaten gegeben, doch Gertrude hat sich damit nicht abgefunden. Mit dem Segen von Ratzinger betete sie. „Papa hat dann noch weitere sechs Jahre gelebt, mit hoher Lebensqualität. Sicher, ich könnte sagen, dass es ein kleines Wunder war, doch ich gebrauche dieses Wort nicht so oft."

Mit seiner Familie hat Marco die Tage des Konklaves vor lauter Aufregung mit Herzklopfen durchlebt. „Ich habe gewettet, sicher nicht um Geld, dass er gewählt wird. Ich setzte auf ihn und ein Kellner auf einen anderen Favoriten, auch einer unserer Gäste, der Kardinal aus Nicaragua. Als die Glocken läuteten, bin ich auf den Petersplatz gelaufen, und als ich aus dem Lautsprecher hörte ‚Kardinal Joseph …', war ich glücklich. Ich habe mich für ihn gefreut, aber ganz besonders für Papa." Und so hängen an der Wand hinter der Kasse zwei Fotos dicht nebeneinander: das eine mit Papa Roberto, dessen Augen Heiterkeit ausstrahlen, und das andere mit Ratzinger, dem Gast von Tisch Nummer 6, der ihm das Leben verlängert hat.

Heute hängt ein Foto des Papstes über seinem ehemaligen Stammplatz.

Erfrischung im Schatten der Petersdomkuppel

„Setzen Sie sich dort und warten Sie einen Augenblick“, lacht mich Maria Moscaroli an. So setze ich mich auf den Plastikstuhl neben ihrem Erfrischungskiosk. Sie bietet sozusagen „im Schatten der Petersdomkuppel“ Grattachecca an, hier in der Via Porta Cavalleggeri Ecke Via del Perugino nahe dem Eingang zum Vatikan. Von meinem Platz aus beobachte ich, wie Maria große Gläser mit Eis füllt, das ihr Mann Luigi zerkleinert hat. Dann begießt sie es mit einem Sirup aus Sauerkirsche, Minze, Mandelmilch oder Zitrone, und die Grattachecca ist fertig. In der Schlange stehen Touristen aus aller Welt, aber auch Monsignori, Schwestern und Bischöfe in Inkognito. „In Rom gibt es nur noch drei echte Stände für Grattachecca, einer in Prati, ein zweiter auf der Tiberischen Insel und dieser hier, der hat Geschichte. Meine Mutter hat ihn 1936 eröffnet.“ Nur zwei Schritte vom Petersdom entfernt, ist er sicher reich gesegnet.

„Mit Grattachecca hat Mutter sieben Kinder großgezogen, fünf Mädchen und zwei Jungen. Man kann sagen, sie hat das allein gemacht, denn mein Vater war ein Gasarbeiter. Ich war die Jüngste, wurde an der Piazza Navona geboren. Mit sieben Jahren brachte ich jeden Mittag die Brötchen zum Kiosk. Den Corso Vittorio ging ich immer zu Fuß, denn auf die Linie 62 konnte man sich nicht verlassen. Dann kauerte ich mich unter den Ladentisch und schlief ein paar Stunden. Von hier aus habe ich Pius XII. vorbeikommen sehen, der mir fest in die Augen sah: da brach ein ganzer Sturm in meinem Herzen los."
Zunächst wollte sie Restauratorin werden, dann Hemdennäherin, schließlich hat sie hier den Platz ihrer Mutter übernommen. „Du bist eine halbe Künstlerin", sagte sie mir, „und um eine gute Grattachecca zu machen, braucht es ein wenig Verrücktheit. Und dann wirst du hier die Päpste vorbeiziehen sehen, ist das vielleicht kein Wunder? Als das Auto von Johannes XXIII. hier vorbeifuhr, so erzählte sie mir, hätte er sich hinausgelehnt und mich gesegnet. Alles, um was ich ihn aus tiefster Seele bitte, erfüllt sich." 1992 stirbt die Mutter im Alter von 90

Jahren. „Von da an konnte ich mich freier bewegen: Jeans, Bluse, Pullover, die Brille auf der Nasenspitze, um besser die Menge Sirup sehen zu können, die ich in die Gläser gieße."
Maria ist Jahrgang '43 und hat zwei Söhne: Luca ist '72 geboren und Emanuele kam '78 zur Welt. „Das war das Jahr, als Johannes Paul II. gewählt wurde. Diese zweite Schwangerschaft wurde für mich zum Albtraum. Damals wurde Aldo Moro entführt und erschossen. Ich war mir sicher, dass dieses Trauma in mir großen Schaden anrichtete, in gewisser Weise das kleine Geschöpf in mir schädigte. Als mein Kind nur wenige Monate alt war, konnte ich bei einer Audienz dem neuen Papst begegnen. Ich habe ihm meinen Jungen in die Arme gelegt, und er hat ihn zwei-, dreimal geküsst und mich mit einem Lächeln von diesem Albtraum befreit. Heute ist Emanuele ein Löwe." Das erklärt nun auch all die Fotos von Wojtyła, die im Innern des Kiosks zu sehen sind. „Auch wenn ich dann ein Foto von Mutter Teresa hinzufügen musste. Sie kam hier mit ihren indischen Schwestern vorbei und war von der Grattachecca mit Kokos angezogen. Ich habe sie dann in ihrem Caritas-Zentrum besucht. ‚Wenn man gemeinsam be-

tet, arbeitet man danach besser‘, sagte sie mir.“ Die Schweizergardisten sind auf ihre Grattachecca geradezu versessen. „Am Tag der Vereidigung kommen sie sogar mir ihren Familien her. Am liebsten mögen sie Grattachecca mit Zitrone, Himbeere und Waldfrüchten.“ Und die Jugendlichen vom Jubiläumsjahr 2000? „In jenem Sommer war es schrecklich heiß. Sie kamen in Scharen von Torvergata. Zwei, drei Grattachecca pro Kopf. Sie blieben hier auch in der Nacht, beteten oder sprachen mit gesenkter Stimme. Alle waren Freunde miteinander, vereint im Glauben.“ Ob Papst Ratzinger einmal kommen und ihre Grattachecca kosten wird? „Viele Monsignori versprechen mir, dass sie ihn herbringen werden. Ich weiß, es ist ein Traum, doch ich glaube noch an Träume: an Minze, Mandelmilch ...“

Äpfel für Ratzingers Strudel

Hinterm Ladentisch hängt ein Schwarz-Weiß-Foto: Ein dreijähriges Kind sitzt auf einer Apfelstiege, und in einem Apfel steckt ein Preisschild: 150 Lire pro Kilo. „Antike Obsthandlung von Borgo" heißt das Geschäft in der Orfeo-Gasse, einer Querstraße von Borgo Pio. Das Kind auf dem Foto ist heute die „Seele" des Ladens: Enrico Carocci, 57 Jahre alt, spricht von Äpfeln und Pfirsichen, als wären es Juwelen. „Bei Tagesanbruch gehe ich auf den Markt und suche Stück für Stück das Obst aus. Das mache ich seit jeher so und bin davon immer noch nicht müde." Vor Jahren, bevor sein Haar ergraute, war er für alle „der Blonde"; heute nennen sie ihn nur „Schnurrbart".
War das Obst der Grund, dass er die Schule aufgab? „Nach der dritten Klasse auf der Mittelschule kam ich ins Geschäft, um Vater Armando und Mutter Marcella unter die Arme zu greifen. Im Laden, eröffnet in den 50er Jah-

ren, gab es ein Kommen und Gehen von Leuten aus Borgo, Touristen, Bischöfen und Monsignori. Mutter dekorierte die Obstauslagen mit frischen Blumen; heute widmet sich meine Frau Franca diesen Kreationen. Gestern ist Renzo Arbore hier vorbeigekommen und hat uns ein großes Kompliment gemacht. Unser ‚heiteres' Schaufenster hat ihm sehr gefallen. Er kaufte dann noch zwei Amalfi-Limonen."

Es war Enricos Vater Armando, der mit dem Vatikan in Kontakt kam. „Aber wer das Obst in diese heiligen Hallen brachte, das war ich. Ich fuhr mit Vaters Mofa, eine 50er Benelli ohne Nummernschild und ohne Versicherung. Auf der linken Seite vom Petersplatz fuhr ich in den Vatikan, dort, wo heute das Papamobil herauskommt." Was er empfunden hat, als er an diese heiligen Orte kam? „Ich hatte jedes Mal dasselbe Gefühl wie bei der ersten heiligen Kommunion. Es war wie im Traum. Ich hatte das Gefühl, da drinnen beschützt mich jemand vom Himmel aus. Und so war es dann auch. Gerade hier in Borgo Pio hatte ich mit dem Mofa einen Unfall, ein 600er Fiat hat mich voll mitgenommen. Eine Schwester saß hinterm Steuer. Heute denke ich, es war ein Wunder. Vaters Mofa hatte sich nämlich in viele Stücke aufgelöst, doch ich fand mich stehend auf der Straße wieder und war völlig unversehrt. Die Schwester tastete mir die Beine ab, die Arme, den Kopf: ‚Wie geht es dir?', fragte sie mich immer wieder. Ich dachte nur an Vater, der mir wohl ein paar Maulschellen geben würde, weil ich ihm das Mofa ruiniert habe. Stattdessen waren er und Mutter glücklich, dass mir nichts passiert ist, und küssten mich immerfort."

Die Jahre vergingen. Er vertauschte das Mofa mit einer Vespa und fuhr damit weiter in den Vatikan. „Dank der Schwester des Kardinals Giovanni Batista Re. Ich ging hoch, nach Belvedere, und brachte Seiner Eminenz, was er am liebsten aß: Melonen, Pfirsiche, Kirschen. Als Dankeschön zeigte mir seine Schwester die Vatikanischen Gärten, ein andermal die Sixtinische Kapelle. Kardinal Re mag sehr gern Sommerobst: Wir haben uns ein Bein ausgerissen, um ihm die verschiedensten Pfirsichsorten zu beschaffen. Es gibt etwa zwanzig verschiedene Sorten: weiße, gelbe, mit samtener Schale ... Am liebsten hat er Nektarinen. Eines Tages sagte mir die Schwester: ‚Bringen Sie heute mal die süßesten Früchte, die Sie haben. Ich glaube,

Seine Heiligkeit Johannes Paul II. wird sie probieren.‘ Der Kardinal war nämlich sehr eng mit dem Papst verbunden; sie trafen sich oft zum gemeinsamen Arbeitsessen.“

Heute existieren in Borgo Pio nur zwei Obsthändler, Enrico Caroccis Geschäft und das von Signor Mario. Gibt es da nicht einen erbitterten Wettstreit, in welchen der beiden Läden Papst Ratzinger schickt, um Äpfel für seine Strudel zu kaufen? „Benedikt XVI. habe ich oft gesehen, als er noch Kardinal war und in Cittá Leonina wohnte. Ich bin ihm sogar begegnet, wenn ich Obst zu Mgr. Travia brachte, der im selben Haus wie Ratzinger wohnte. Er lächelte mir sehr liebenswürdig zu. Ich glaube, dieser Papst ist so gut, dass er zu beiden nach Äpfeln schicken wird, mal zu mir und mal zu Mario.“

Vom Tapezierer des Vatikans und Meister Geppetto

„Als Kind war es mein Albtraum, Gestellbauer zu werden, in der Polsterei meines Vaters Aldo zu arbeiten.“ Heute gehört ihm dieser Handwerksbetrieb in der Via Plauto. Roberto Tancioni, 56 Jahre, ein Meter neunzig groß und die Fröhlichkeit in Person. Gestellbauer, was machen die?, frage ich ihn. „Das sind Schreiner, die sozusagen das Skelett eines Stuhls oder eines Sessels bauen. Da reicht ein kleiner Fehler bei der Berechnung, und wer sich dann setzen will, landet auf dem Boden. Der Tapezierer haucht dann sozusagen dem Skelett das Leben ein.“

Als drittes von vier Kindern ist nur er den Fußstapfen des Vaters gefolgt. „Dreimal bin ich umgezogen, immer hier in der Via Plauto, erst war ich in der 26, dann in der 34 und schließlich in der 37. ‚Wenn dein Sessel 1000 Lire wert ist‘, sagte mir mein Vater, ‚verkauf ihn für 500: die Differenz kommt mit der Zeit doppelt zurück.‘ Doch diese großzügige Philosophie kam aus dem weiten Herzen meiner Mutter Vanda. Sie war sehr fromm und hat das kleine Opfer auf sich genommen, mich, diesen Vulkan, zu ertragen.“

Roberto Tancioni hat mehr Freunde als Kunden in Borgo Pio. „Freunde, die mich kennen, wie ich stets ohne zu diskutieren dem Vater geholfen habe. Bei ihnen bringe ich es nicht übers Herz, eine Rechnung bezahlen zu lassen. Und wenn Stoff oder Kissen übrig bleiben, schicke ich alles den spanischen Schwestern in der Via Crescenzo, dem Kinderkrankenhaus Bambin Gesú oder dem Altenheim in Viterbo.“ 1983 hat er mit 29 Jahren Elena geheiratet. Auch sie steckt hinter dem Geheimnis seiner Fröhlichkeit. „Sie und meine Mutter Vanda, ein Duo, das in jeder Kleinigkeit die göttliche Vorsehung erkennt. Leider habe ich ein Jahr nach der Hochzeit meinen Vater verloren. Doch er ist hier in der Werkstatt geblieben, hundertmal am Tag spreche ich mit ihm. Mein Sohn Gianluca geht mir inzwischen hilfreich zur Hand, er ist 19 und mir wie aus dem Gesicht geschnitten.“

Wer neben den Prälaten aus dem Vatikan noch zu seinen Kunden gehört? „Es scheint wie ein

Märchen, zum Beispiel der Schauspieler Nino Manfredi alias ‚Meister Geppetto'. Was heißt da Gestellbauer, der ist noch viel präziser als ich. Auch seine Tochter Roberta war schon hier, dann Tonino Piovani, der Bruder des Komponisten bekannter Filmmusiken, Nicola Piovani („Das Leben ist schön)". Und die Journalistin Irene Bignardi. Aber zum Vatikan hatte ich schon immer ein wunderbares Verhältnis. Don Luigi Marinelli, der jetzt in der Via della Conciliazione arbeitet, war viele Jahre in San Giovanni Rotondo tätig. Um mich im Glauben zu stärken, zeigte er mir eine Haarsträhne von Pater Pio und eines seiner Unterhemden. Es hat einen Blutfleck auf der Brust, den kein Fleckenreiniger beseitigen konnte. Dann Kardinal Antonello Mennini, der in der Santa-Lucia-Kirche, nahc der Via Fani, Beichtvater von Aldo Moro war. Kardinal Sepe habe ich die ganze Wohnung tapeziert, sie befindet sich gegenüber dem Tor zur Via del Mascherino."

Er selbst hat auch ein kleines Wunder erlebt. „Morgen Vormittag gehe ich in die Gemelli-Klinik zur Computertomografie. Man hat mir einen Tumor an der Niere herausgeschnitten. Die Ärzte sagen, ich sei wie durch ein Wunder geheilt. Am 16. April dieses Jahres hatte man den Tumor entdeckt. Und am 16. April 1958 wurde meine große Freundin Turchese Rebecchini geboren. Eine heilige Frau, die 2004 verstorben ist, mit 46 Jahren. Ihr habe ich mich vor der Narkose anvertraut." Seine Heilung wurde in ganz Borgo Pio gefeiert.

„Das ist ein heiliger Ort hier. Ich erinnere mich, als Johannes Paul II. einen Monat Papst war, wurden einmal wegen ihm um fünf Uhr nachmittags die Straßen in Borgo gesperrt. Er wollte alle Handwerker kennenlernen, einen nach dem anderen. Und Kardinal Ratzinger ging hier zum Friseur. Täglich kam er an meinem Geschäft vorbei. Sehen Sie das Haus dort vorn? Da drinnen haben sie drei Filme gedreht: ‚Totó', ‚Don Papagallo' und eine Episode der Familienserie ‚I Cesaroni'. Kurz und gut, wo es Glauben gibt, gibt es auch gute Laune und Leben."

Chemische Reinigung im Dienst der Päpste und Schweizergarde

Sie ist nur eine von vielen Chemischen Reinigungen in Borgo Pio. Wirft man dennoch einen Blick auf die Sachen in den Plastikhüllen, die an den Kleiderständern hängen, wird deutlich, dass das Geschäft von Stefano etwas Besonderes ist: Reihen von Uniformen der Schweizergardisten, Messgewänder, Chormäntel, Talare, Chorhemden, Dalmatiken und natürlich normale Kleidung der Leute von Borgo. Der 40-Jährige steht hinter dem Tresen und lacht uns freundlich an. Seine Mutter Silvana arbeitet hinter einem Vorhang; sie bügelt stundenlang in einer Dampfwolke. „Ich hab's geschafft", sagt Stefano, „heute, nach zehn Jahren, kann ich sagen, dass diese ‚Chemische Reinigung Borgo' dem Vatikan dient."

Dabei hat er eine abgeschlossene Ausbildung als Zahntechniker. „Mit meinem Vater Angelo musste ich ganz schön kämpfen. Er ist nämlich

Kunsttischler und wollte, dass ich in seiner Werkstatt arbeite. Nach zwei Jahren England traf es mich wie ein Blitz: Chemische Reinigung, das ist es!“ Als einträgliches Geschäft hat er die Chemische Reinigung nicht gesehen. „Für meine Entscheidung waren das Stadtviertel und das Klientel ausschlaggebend: Ich bin katholisch und lebe nur zwei Schritte vom Petersdom entfernt. Deshalb brachten mir viele Schwestern Kleidung von Priestern, Bischöfen, Kardinälen und selbst von Seiner Heiligkeit. Die Schwestern sind sehr gewissenhaft, das hat mir meine Mutter schon immer gesagt. Wenn wir sie auf unserer Seite haben, haben wir gewonnen. Heute bringen uns Schwestern die Bettwäsche vom Priesterhaus, das Bischöfe und Kardinäle aus aller Welt beherbergt, vor allem aus Afrika. Sie erzählen uns von den Opfern, die es unter diesen Völkern gibt.“
Wer ihm von den Kardinälen, die ihm ihre Kleidung bringen, am sympathischsten ist? „Ganz sicher Seine Eminenz Tarcisio Bertone. Er kam immer selbst und nahm sich Zeit, sich mit mir zu unterhalten, wie ein einfacher Priester. Nun, da der jetzt im Staatssekretariat sitzt, plaudere ich mit Pater Daniel, einem Priester, der nur

zwei Paar Hosen besitzt und ein Hemd. Ansonsten lebt er für die anderen. Kurz und gut, vor Bertone und Daniel muss ich mich zurückhalten, um nicht vor ihnen auf die Knie zu fallen."

Stefano erzählt, welche Arbeit ihm in all diesen Jahren am nächsten ging. „Die Paramente und Kleider von Johannes Paul II. kurz vor seinem Tod. Die Schwester sagte mir: ‚Machen Sie die Arbeit sehr gewissenhaft, denn diese Kleidung wird versiegelt und vakuumverpackt. Sie geht in die Geschichte ein'." Das war für ihn sozusagen wie ein Hochschulabschluss. „Ich, Stefano, habe als Letzter die Kleidung eines künftigen Heiligen gewaschen." Wenn er aus dem Geschäft hinausblickt, sieht er manchmal geradezu anonyme Heilige vorbeigehen. „Wir befinden uns im Zentrum der Christenheit. Die Pilger, die von den heiligen Stätten kommen, erzählen mir von wunderbaren Heilungen, und ich glaube ihnen."

Stefano reinigt sogar die Paramente der Päpste der Vergangenheit. „Mir werden Kleidungsstücke gebracht, die vor zwei-, dreihundert Jahren von Päpsten getragen wurden. Ich beseitige die Falten und frische die Kleider auf. Das sind alles Freuden, die ich als Zahntechniker nie erlebt hätte.“ Auch von seiner Arbeit für die Schweizergarde kann er berichten: „Die Uniformen der Schweizergardisten sind sehr resistent, sie wechseln sie zweimal pro Jahr. Jeder bringt mir seine Uniform selbst, die Galauniform, die Michelangelo entworfen haben soll, Dienstuniform, Umhänge sowie Bekleidung für Zeremonien. Gleich wird Major Hassler kommen, um seine blaue Uniform abzuholen. Das ist der Schweizergardist, der sich verletzt hat, als er einen deutschen Touristen auf dem Petersplatz festnahm, der auf den Jeep des Papstes springen wollte. Hassler ist 60 und hat ein Herz aus Gold: Heute geht es ihm bestens.“ Was er fühlt, wenn er sich in den Vatikan begibt? „Der Vorwand ist, Rechnungen in die Buchhaltung zu bringen, doch in Wirklichkeit bin ich dort dem Papst viel näher; ich gehe dorthin, um ein wenig die Atmosphäre des Paradieses zu atmen.“

Vom Meister im Tischkicker zum Schmied des Vatikans

In Roccasecca dei Vosci, 35 Kilometer von Latina entfernt, erinnern sich die Alten an ihn als den „Meister im Tischkicker". Er war das erste von zehn Kindern. Sein Vater Gregorio war Maurer, und seine Mutter Lilia zog beim Morgengrauen das Brot aus dem Ofen. Bis er 13 war, setzten die 1.200 Einwohner des Ortes bei den Turnieren im Kleinbillard auf die sehnigen und flinken Hände von Michele De Marchis. Dann verstarb Mutter Lilia viel zu früh, und der kleine Meister fand sich in Rom wieder, bei Luigina, der Schwester des Vaters.

„Da musste ich dem Kickertisch Lebewohl sagen, denn nun füllten sich meine Hände mit Schwielen, weil ich im Geschäft meines Onkels Francesco, in Borgo Pio 54, das Handwerk eines Schmieds erlernte. Ich arbeitete mit Amboss und Hammer und viel Kaffee, um wenig zu schlafen und schnell Schmied zu werden."

Tante Luigina war für ihn wie eine zweite Mutter. „Nach nur wenigen Jahren ging auch mein Onkel von uns, und so nahm sie mit ihrem sanften Wesen in meinem Herzen die Stelle meiner Mutter ein. Es schien mir damals wie ein Wunder."

Er war der einzige Schmied in Borgo und nur zwei Schritte von St. Peter entfernt. So entstand der Kontakt zum Vatikan. „Kardinal Bovone, der im Heiligen Offizium arbeitete, hatte Sympathien für mich. Er kam hier in die Werkstatt, um mir auf die Finger zu sehen: ‚Mit einem Kronleuchter und einem schmiedeeisernen Bett von mir zu Hause werde ich dich auf die Probe stellen. Wenn du es gut machst, verdienst du dir den Vatikan.' Ich arbeitete wie ein Besessener Tag und Nacht und habe die Prüfung bestanden. Ich hatte das Gefühl, dass mir eine Hand vom Himmel aus geholfen hat ..."

Michele De Marchis, heute der einzige und letzte Schmied der kleinen Werkstatt in der Via del Falco, ist innerlich bewegt. „Noch heute bin ich überwältigt, wenn ich an meine ersten Arbeiten im Vatikan denke. Das eiserne Stützbein eines Taufbrunnens in der Sixtinischen Kapelle, aber vor allem die zwanzig Laternen an der

Treppe im Hof von San Damaso, die zur Wohnung des Papstes führt. Die Dombauwerkstatt wollte, dass ich sie in Ordnung bringe.“ Das war in den 80er Jahren, und Wojtyła hat sie leuchten sehen. „Sportlich wie er war; man hat mir erzählt, dass er manchmal zu Fuß bis zu seiner Wohnung hinaufstieg. Vielleicht mochte er meine Leuchter mehr als den Aufzug.“
1976 hat er Claudia geheiratet, ein tüchtiges Mädchen seines Heimatdorfes. Sie bekam zwei Kinder. „Luca ist 26, er spielt Querflöte. Don Pablo Colino, der ehemalige Meister der Julianischen Kapelle, schätzt ihn sehr. Der zweite ist Simone, er ist 30 und hilft mir in der Werkstatt: die Blumen aus Emaille, die er für die Deckenlampen kreiert, sind perfekt, sie duften sogar.“
Für Kardinal Giovanni Lajolo, den neuen Präsidenten des Gouvernements im Vatikan, hat er sich besonders ins Zeug gelegt. „Das ist ein heiliger Mann. Vor gar nicht langer Zeit verlor er innerhalb einer Woche beide Eltern. Er bat mich um eine Arbeit für ihr Grab: zwei Armleuchter und einen Sockel für eine Madonna. Für ihn habe ich das Eisen beschlagen, als wäre ich 20 gewesen.“
Kardinal Ratzinger kennt er auch persönlich.

„Wir begegneten uns jeden Morgen am Obelisken auf dem St. Petersplatz. Wir trafen uns immer genau um 8.30 Uhr. Sein Lächeln hat mich jedesmal begeistert.“ Nachdem er Papst wurde, ist Michele ihm zwar nicht noch einmal begegnet. „Aber er schickt mir immer Grüße durch seinen Chauffeur. Er hat mir auch einen Rosenkranz geschickt. Mit dem betet meine Frau im Namen der ganzen Familie.“ Es ist ein kleines Wunder, dass er bis heute in seiner Schmiede durchgehalten hat. „Meine zweite Mutter, Luigna, ist 88; und Kardinal Bertone, kaum war er aus Genova zurück, drückte mir schon die Hand. – Die beiden sind für mich wie zwei Schutzengel, die mir Vertrauen einflößen: Damit fühle ich mich immer noch als Meister des Tischkicker.“

Ein Ex-Fußballer rahmte Ratzingers Fotos

Im Juli 2007 zog er in ein Geschäft in der Via dei Coronari um. Bruno Del Pelo sitzt an einem historischen Schreibtisch und wandert in seinen Gedanken in alte Zeiten zurück. „Ich habe von Alfredo, dem Onkel meines Vaters, eine Prise Nostalgie geerbt. Er hat ‚Das Häuschen von Trastevere' geschrieben. Ich bin zwar umgezogen, aber in Gedanken bin ich immer noch im Geschäft für Glaserei und Bilderrahmen in Borgo Pio. Mein Schwiegervater hat es '54 eröffnet, als es noch ein Stall voller Heu war. Doch für mich und meine Frau Antonella bedeutete es ein Nest des Glücks." Verlobt mit 14, verheiratet mit 19; die beiden gleich alt und mittlerweile 54 Jahre.

„Ich bin in der Nähe von Regina Coeli in Trastevere geboren, ganz nahe bei leidenden Menschen. Meine Mutter arbeitete in der Küche der Schwestern von Trinitá dei Monti. Samstags gaben sie ihr ein Paket mit Lebensmitteln für ihre fünf Kinder. Auf dem Weg nach Hause schenkte sie fast alles den Armen. Verstehen Sie, warum wir, meine Frau und ich, uns immer zufrieden geben?“

Bevor er seine ganze Zeit den Fenstern und Bilderrahmen im Vatikan widmete, war Bruno Del Pelo Fußballer. „Bis zum 31. Lebensjahr habe ich gespielt. Zwei Jahre in Lazio mit Maestrelli. Ich war Fan von Chinaglia und schoss ein Tor in der Jugendmannschaft von Manfredonia und Giordano. Dann bekam ich beim Training den Ball direkt aufs Auge. Das war das Ende. 56 Tage lag ich unbeweglich im Krankenhaus im Dunkeln.“

Jemand anderes wäre vielleicht mutlos geworden. „Ich nicht. In diesem Dunkel betete ich zu Gott und bat ihn, mir eine Zukunft zu schenken. Ich war bereits Vater zweier Töchter, Fabiana und Roberta. Die eine mit einer Behinderung, die andere gesund und immer mit ihrer Schwester an der Hand. Heute sind sie 33 und 34 Jahre alt.“

Gott hat seine Gebete erhört. „Ich habe wieder angefangen, in der Serie D von Senigallia zu spielen; bei Lanciano hatte ich ohne Bedauern aufgehört. ‚Jetzt bist du soweit, um mir im Geschäft zu helfen‘, sagte mein Schwiegervater. Und da bin ich nun.“

Wie er das Vertrauen des Vatikan erlangt hat? „Dank der Sympathien meines Schwiegervaters und des Einsatzes meiner Frau. Beide sorgten für ein ständiges Kommen und Gehen von Kardinälen und Bischöfen, die Bilder und Fotos zum Einrahmen brachten, auch Fenster zum Reparieren. Mgr. Ruffini, der damals Pfarrer in St. Peter war, behandelte mich wie einen Bruder: die göttliche Vorsehung wollte es, dass er noch das 90. Lebensjahr erreichte. Außerdem hatte die Dombauwerkstatt keinen Glaser. So arbeiteten wir in den päpstlichen Palästen. Auf die fünf großen Kristalle, die ich im obersten Stock der Bibliothek installiert habe, bin ich stolz. Auch Mgr. Chianciani schenkt mir Vertrauen.

Hundertmal bin ich an der Wohnung von Johannes Paul II. vorbeigekommen. Einmal, es war rein zufällig, habe ich ihn gesehen, im Korridor, nur wenige Meter von mir entfernt. ‚Auf die Knie‘, befahl mir ein Schweizergardist, ‚der Papst kommt!‘ Es waren nur wenige Augenblicke, aber ich konnte ihn gerade noch lächeln sehen.“ Dieser Moment war für ihn unvergesslich. „Ich sehe den Papst mit seinem Lächeln immer vor mir, wenn ich meine Tochter

Fabiana zur hl. Messe begleite. Wenn die Orgel spielt, beginnt sie zu weinen. Sie betet eben auf ihre Weise. Aber ich glaube, es ist jenes Lächeln, das sie vom Himmel aus beschützt."

Auch Benedikt XVI. war sein Kunde. „Meine Frau hat ihn wiedererkannt, als er zum Papst gewählt wurde. ‚Das ist er!', rief sie, ‚der Kardinal, der uns immer die Fotos zum Einrahmen brachte.' Sie war ganz gerührt. Sie sah ihn genauso sanftmütig auf dem Balkon stehen, wie er sich hier im Geschäft gab." Dann berichtet Bruno Del Pelo von einem ganz besonderen Erlebnis: „Bei der Beerdigung meiner Mutter in der Heilig-Geist-Kirche, sie verstarb mit 59 Jahren, gab es unter all den Armen, denen sie geholfen hatte, eine Art Wettstreit, jeder wollte ihren Sarg auf seiner Schulter tragen."

Ich bringe Ratzingers Freunde aus Deutschland nach Rom

„Bravo, Antonio Bayer“, sagt Benedikt XVI. zu ihm scherzhaft. Er, sein wahrer Name ist Antonio Tedesco (= Deutsch), lacht herzlich über das liebevolle Wortspiel des Papstes. Don Antonio lebt seit 41 Jahren in Rom und hört nie auf zu staunen: Mit seiner menschlichen Art gelingt es ihm, Tausende Pilger aus Deutschland nach Rom zu holen. Heute ist er Präsident des Pastoralen Zentrums für Pilger deutscher Sprache. Es hat seinen Sitz in der Via della Conciliazione, im Erdgeschoss des Cesi Palastes. Das Zentrum besteht aus einer Gruppe junger Männer und ihm.

Don Antonio stammt aus Giffoni Valle Piana, in der Provinz von Salerno. „1940 bin ich zur Welt gekommen, in einem armen Viertel meines kleinen Geburtsortes, der jedoch ein großes Herz hat: Nicht zufällig findet dort jährlich das Kinderfilmfestival statt sowie die Ausstellung der Weihnachtskrippen aus aller Welt. Wie mein Vater, der in die Schweiz auswanderte, um dort als Schneider zu arbeiten, fühle auch ich mich als Pilger, ständig mit einem Koffer unterwegs. Nachdem ich das Seminar in Palermo besucht hatte, reiste ich, ohne auch nur ein Wort Deutsch zu kennen, dem Vater in die Schweiz nach. In Chur studierte ich Theologie und zelebrierte meine erste hl. Messe in einer kleinen katholischen Gemeinde in Zürich. ‚Du bist verrückt', sagte mir mein Vater. ‚Ja, aus Leidenschaft', antwortete ich.

Ich wollte unsere italienischen Emigranten unterstützen, damit sie ihren katholischen Glauben bewahrten. So organisierte ich für sie unter anderem Fußball-Turniere, Rundtischgespräche mit spanischen und griechischen Arbeitern sowie Leuten aus aller Welt." Was dachte Mutter Alfonsina über ihre eigenen Emigranten, Ehemann und Sohn? „Mutter baute uns immer auf. Sie ist nun schon über 90 und lebt in Zürich bei meiner Schwester. Und noch heute erteilt sie mir Glaubensunterricht.

Mit Erlaubnis der Bischöfe von Zürich und Salerno kam er nach Rom zurück. ‚Du kannst für ein Jahr gehen, aber auf eigene Kosten', sagten sie mir. Da ich ein Dickkopf bin, fand ich im Centro Teutonico del Vaticano ein Zimmer und erlangte an der Päpstlichen Universität ein Diplom in Sozialwissenschaften. Anschließend wurde ich Vize-Pfarrer in der Heilig-Geist-Gemeinde in Sassia und lehrte an den Gymnasien ‚Dante Alighieri' und ‚Mamiani' Religion. Das war in den schwierigen Zeiten von '68."

Don Antonio erklärt, warum er der „Schrecken des Vatikans" genannt wurde. „Weil ich mit meiner 150er Lambretta durch die Vatikanischen Gärten fuhr und dabei alles aus ihr herausholte, was sie hergab. Aber als ich anfing, Tausende Pilger auf den Petersplatz zu bringen, änderten sie ihre Meinung. Auf 1.000 Pilger kamen jedoch mindestens 250 im Rollstuhl. Hunderte Blinde habe ich hergebracht: Mit Hilfe meiner Angestellten konnten sie die Statuen ‚sehen', durch Befühlen, Anfassen. Sie lauschten Chören mit sakraler Musik. Dann habe ich Tausende Ehepaare hergebracht, sei es, um ein Ehejubiläum zu feiern oder gleich nach dem ersten Ja-Wort. Sie kleideten sich zur Generalaudienz als Brautleute und fuhren danach zu den Castelli Romani, zur Villa von Kardinal Colonna. Am Abend gab es dann ein

Essen mit Musik und Gesang in Trastevere. Jedes Paar bekam ein Pergament mit Glückwünschen, unterschrieben vom Papst." Seit '95 organisiert er die Feiern zum Pfingstfest im Pantheon. „Durch das Loch in der Kuppel fällt ein Regen von roten Rosenblättern herab, die kommen übrigens aus Giffoni. Jedes Blatt soll eine Flamme des Heiligen Geistes symbolisieren."

Vor kurzem war Don Antonio sehr krank. „Ich hatte eine schreckliche Form von Diabetes. Stress, ungeordnetes Essen haben das verursacht. Von 96 Kilo nahm ich ab auf 80. Aber ich glaube, die Gebete von Benedikt XVI. haben mir mehr geholfen als die Medizin. Während der Genesung habe ich ein Kinderbuch über den Papst geschrieben. ‚Das hast du gut gemacht. Im Paradies sind wir vor Gott alle Kinder', sagte mir Ratzinger.

Die Tränen des Pfarrers von St. Peter

Jedes Jahr zählt man in der Basilika St. Peter 600 Taufen, 200 Firmungen und genauso viele Eheschließungen, oft auch „internationale". Zum Empfang der Sakramente in der „Pfarrei des Papstes" kommen Gläubige aus aller Welt. Um das alles zu koordinieren, ist seit dem 1. April 2005 Pater Mario Bettero der zuständige Pfarrer in der Päpstlichen Basilika St. Peter im Vatikan. Nur einen Tag vor dem Ableben Johannes Pauls II. wurde er dazu bestimmt. „Die göttliche Vorsehung sorgte dafür, dass ich nicht feierte, sondern mich gleich für meine Gemeindemitglieder aller Rassen und Nationen engagierte." Sein kleines Büro wurde mit Telefonaten aus allen Teilen der Welt bestürmt. „Von Mosambik bis Miami, ich brauche die Heiratsdokumente, bevor ich einem Brautpaar oder zu einer Taufe mein Ja geben kann. Das hat nichts mit Bürokratie zu tun, sondern mit Respekt vor der Basilika als Zentrum der Christenheit."

Pater Mario Bettero ist hoch gewachsen, hat einen strengen Blick und eine entschlossene Sprache – doch seine Stimme und sein Herz sind heiter. „Wie sollte ich nicht gelassen sein? Ich bin das letzte von fünf Kindern, geboren in Lonigo, einem Ort zwischen Vicenza und Verona. Meinen Vater Riccardo habe ich verloren, als ich noch im Bauch meiner Mutter Pasqua war. Er war Soldat. Die Deutschen haben ihn nur einen Tag vor der Befreiung erschossen. Ich weiß von seiner Fröhlichkeit nur aus den Erzählungen meiner Mutter und meiner Geschwister.“

Mario Bettero wird Augustiner in Pavia, in der Basilika St. Peter im Goldenen Himmel. „Ja, dort, wo Severino Boezio ruht, wo aber vor allem die Gebeine des heiligen Augustinus verehrt werden. Von dort aus schließen sich viele Erfahrungen in ganz Italien an: Pfarrer in St. Rita alla Barona in Milano für 13.000 Gläubige. In den Nebeln des Nordens musste ich ihre Herzen aufheitern. Es folgen 25 Jahre – mit Unterbrechungen – in Rom, erst als Student, dann als Sekretär des Präfekten der Kongregation für die Ordensleute und nun Pfarrer. Nach den Lateranverträgen von 1929 wurde die Diözese

Rom neu strukturiert. Heute ist Kardinal Agostino Vallini Päpstlicher Vikar für die Stadt mit 400 Pfarreien, und Kardinal Angelo Comastri ist Päpstlicher Vikar für die Basilika und zuständig für die beiden Pfarreien im Vatikan, für St. Anna und St. Peter." Wie oft zelebriert der Papst in der Pfarrei St. Peter? „Offiziell zwei Mal pro Jahr. Anfang Januar tauft er zahlreiche Kinder Gottes in der Sixtinischen Kapelle in Erinnerung an die Taufe Jesu; und in der Osternacht spendet er in der Basilika ebenfalls die Taufe, aber auch die Firmung sowie die heilige Erstkommunion für Erwachsene – meist sind es ein oder zwei Gläubige von jedem Kontinent. Mario Bettero zelebriert die Hälfte aller Messen in der Basilika. Zu viel ist ihm das allerdings nicht. „Alle Predigten kommen mir aus dem Herzen. Ich bin sogar glücklich, wenn ich für andere Prediger einspringen kann. Kardinal Comastri hat mich gelehrt, was Demut ist. Er war ein großer Freund von Mutter Teresa."

Sein Verhältnis zu den Päpsten? „Johannes Paul II. bin ich während der Zeremonien begegnet, er hatte immer einen wohlwollenden Blick. Benedikt XVI. kenne ich noch als Kardinal. Wir trafen uns täglich auf der Straße, wenn ich die

Kongregation für die Ordensleute verließ. Ich fragte ihn ab und zu, ob ich mit ihm sprechen dürfte – von seiner Bildung war ich fasziniert – und er verweigerte nie ein Gespräch. Jetzt, wenn jemand mich ihm vorstellen möchte: Heiligkeit, ich möchte Ihnen den Pfarrer von St. Peter vorstellen, antwortet er: ‚Kennen wir, kennen wir', und lacht."

Die Briefe seiner Mutter bewahrt er sorgfältig auf. „Mutter verstarb 1984. Für mich war es sehr bewegend, ihre Handschrift wieder zu sehen. Aber ihr muss es ähnlich ergangen sein. Sie sagte mir einmal, dass sie meine Briefe so mit Krokodilstränen benetzt hätte, dass die Tinte ganz verwischt war. Von wegen Krokodilstränen! Das waren echte Tränen!"

Warum ich Ratzinger keinen Leuchter verkaufte

Als Junge war er Komparse in Cinecittá bei Dreharbeiten für den Film Ben Hur: „Man hat mir 3.500 Lire pro Tag gegeben und für die Pause ein Lunchpaket. Es war zwar alles zerkocht, doch für mich waren es köstliche Speisen." Heute ist Mario Giovanetti Dreher, hat eine eigene Werkstatt in Borgo Vittorio und lacht vergnügt und stolz, wenn er sich an diese Zeit damals erinnert. Er sitzt neben seiner Drehbank und erzählt wie ein überquellender Fluss. „Mein Vater Filippo war Maurer im Marineministerium und konnte Nichtstuer nicht ausstehen. Ich hasste Bücher. Deshalb ging ich weg und wurde Komparse. Vor allem aber wollte ich in der Dreherei der drei Olivieri-Brüder arbeiten, hart arbeiten. Zuerst in der Via dei Bastioni, dann an der Piazza delle Vaschette.
Seit Beginn des 19. Jahrhunderts sind die Olivieris für den Vatikan tätig: sie restaurierten,

ziselierten, kreierten Silberbesteck. Sie hatten auch eine Gießerei. Leider verlor ich meinen Vater sehr bald. Da Kraft, um weiterzumachen, gaben mir meine Mutter Luciana und einer der Olivieri-Brüder, Cesare. Er war für mich wie ein zweiter Vater. Bevor er 1979 die Augen für immer schloss, hat er mir die Werkstatt an der Piazza delle Veschette verkauft. 20 Millionen Lire zahlte ich dafür. ‚So machen wir uns nach neun Ehejahren ein Hochzeitsgeschenk', sagte meine Frau, die bereits zwei Töchter zur Welt gebracht hatte."

Mario Giovanetti ist Dreher, doch er verkauft auch antike Leuchter. „Vor etwa fünfzehn Jahren trat Joseph Ratzinger in mein Geschäft, und ich würde sagen, auch in mein Leben. Ein Tiffany-Leuchter hatte es ihm angetan. Er war schon Kardinal, trug einen schwarzen Anzug mit Kollar und schien ein einfacher Priester zu sein. ‚Ich möchte gern diesen Leuchter kaufen', sagte er mit leiser Stimme. ‚Wie viel kostet er?' Ich antwortete ihm, dass er 600.000 Lire koste, denn es sei ein seltenes historisches Stück. ‚Ist das das letzte Wort?', fragte er mich lächelnd. ‚Ich kann Ihnen leider keinen Preisnachlass geben, da beißt die Maus keinen Faden ab.' Er senkte sein graues Haupt, schaute noch einmal auf den Leuchter und ging enttäuscht davon. Damit war die Geschichte aber noch nicht zu Ende. Noch zwei Mal kehrte der Kardinal in die Werkstatt zurück. Der Leuchter war immer noch da und er liebkoste ihn mit seinen Augen. Leider war der Preis, statt zu fallen, noch um 100.000 oder 200.000 Lire gestiegen." Ob er Seine Heiligkeit später noch einmal wiedergetroffen hat? „Natürlich, vor vier Jahren. Er zelebrierte die hl. Messe zu Beginn der Novene zum Fest der Heiligen Maria vom Carmel in Traspontina. Ich bin dort von den Mitgliedern der Gemeinschaft zum Vize-Prior gewählt worden." Hat Ratzinger den Dreher, der ihm keinen Rabatt geben wollte, wiedererkannt? „Ich hoffe nicht. Meine Kunden der neuen Werkstatt in Borgo Vittorio können es bestätigen: Sowie ich kann, gebe ich immer Rabatt. Wie den spanischen Laienschwestern in der Via della Conciliazione, die im Chor der Pfarrei singen. Für sie habe ich eine Monstranz angefertigt, einen Eichenzweig mit Eicheln und Blättern aus Messing und alles vergoldet. ‚So werden wir Ihrer gedenken, jedes Mal, wenn wir in der Kapelle beten', sagten sie mir."

Giovanetti ist ein passionierter Angler. „Meine Frau und ich fahren ans Meer, nach Montalto. Nur wir beide allein. Beim Morgengrauen werfen wir die Langleinen ins Meer und bei Sonnenuntergang ziehen wir sie wieder heraus. Vor zwanzig Jahren habe ich mich meiner Frau gegenüber gewandelt, bin freundlicher geworden. Der Grund war eine Begegnung mit Pater Pio. Ich hatte verstanden, dass die Arbeit nicht wichtiger ist als die Liebe." Eine besondere Erinnerung hat er an Johannes Paul II. „Am 12. September 2001, dem Tag nach dem Attentat auf das World Trade Center in New York, brachten wir die Statue der Muttergottes vom Karmel auf den Petersplatz. Er hat sie gesegnet. Ich durfte ihm die Hand küssen. Sie war weiß, wie die eines Engels."

Tabakwaren und Antiquitäten – Ratzinger kam zum Stöbern

„Es ist für mich sehr amüsant zu wissen, dass man mich den Tabak-Lumpen-Händler nennt, denn eigentlich stimmt das: mein Geschäft ist in zwei Hälften geteilt. Ein Tresen für Zigaretten, Pfeifen und Briefmarken, ein zweiter, um antikes Zeug und historische Zeitungen zu verkaufen, historische Kopien des Osservatore Romano und die Tageszeitung Il Messaggero." Etwas ironisch, in Hemdsärmeln, mit grauen Haaren, aber jung geblieben, ist Maurizio Bianchini die gute Seele der ‚Antiken Tabakwarenhandlung' (seit 1865) in Borgo Pio Nr. 157. „Mit der Gründung des Staates wurden in ganz Rom 100 Lizenzen für den Verkauf von Tabak, Salz und Chinin vergeben. Dieses Geschäft hier hatte die Lizenznummer 99. Ich konnte nicht widerstehen und kaufte sozusagen die Mauern einer so kostbaren Einrichtung." Bianchini war wie sein Vater Gastwirt. „Mein Vater hatte Restaurants in

Afrika, in Addis Abeba eröffnet und ich hatte eines am Flughafen Fiumicino. 1978 habe ich Romana, sie stammt aus Trient, in der Flughafenkapelle geheiratet. Sie schenkte mir zwei Kinder, Daniela, sie ist heute Rechtsanwältin, und Matteo, der mir hier hilft.“ Er konnte dem historischen Tabakladen also nicht widerstehen.

„Im 18. Jahrhundert war hier ein Droschkenschuppen. Es fasziniert mich, in die Vergangenheit des päpstlichen Roms einzutauchen. Seit dreißig Jahren bin ich erhobenen Hauptes Tabak-Lumpen-Händler.“ Im Antiquariatsbereich verkauft Bianchini wirklich einzigartige Erinnerungsstücke. „Schauen Sie mal, das ist der erste Jahrgang, eingebunden, der Domenica dell Corriere von 1899. Hier sind alte französische Pathé-Phonographen mit Aufnahmewalzen aus Wachs und Grammophone vom Anfang des 18. Jahrhunderts. Hören Sie mal!“ Er dreht an der Kurbel und belebt damit die Stimmen von Carlo Buti, Petrolini und Rabagliati. „Das hier ist ein Ebullioskop. Es diente zur Bestimmung des Alkoholgehalts im Wein. Und diese Federn hier? Mit denen wurde der Kopf von König Umberto graviert. Dort ist eine Nähmaschine aus der Zeit von Königin Margherita.“

Auf dem Schemel im Literaturbereich saß oft ein sehr bedeutender Intellektueller, um alte Zeitungen zu lesen. „Kardinal Ratzinger blieb so manche Viertelstunde, um in alten Nummern des Osservatore Romano zu blättern, aber auch in der Gazzetta del Popolo oder im Messaggero. Er wollte wohl die Wurzeln unseres Landes kennenlernen. Vielleicht hatte er eine Vorahnung... Doch ich konnte ihm nie einen Kaffee anbieten. Man durfte ihn nicht stören. Seine Zurückhaltung machte einen wirklich befangen. Wenn ich gewusst hätte, dass er einmal Papst werden würde, hätte ich ihm alle Zeitungskollektionen geschenkt."
Ob er jemals eine Gelegenheit hatte, Chinin zu verkaufen? „Natürlich, bei all den Schwestern, die nach Afrika in Mission gingen. Ich glaube, ich habe etliche damit gerettet." Und der Tabakbereich? Er zeigt auf einige vergilbte Seiten an der Wand, die im 16. Jahrhundert von einem Abt und Arzt geschrieben wurden, von Don Benedetto Stella aus Civita Castellana. Dort kann man lesen, dass der Abt den Nutzen des Tabaks hervorhebt. „Die Leute lesen die Lobesworte über den Tabak und kaufen dann viel lieber Zigarren und Zigaretten.

Apropos Tabak, Navarro-Valls, der Pressesprecher von Johannes Paul II., kam immer zu mir. Er kaufte losen Tabak und Zigarettenpapier. ‚Ich muss Ihnen sehr danken', sagte er mir. ‚Wenn ich die Zigaretten selbst drehen muss, verliere ich damit so viel Zeit, dass ich am Ende zum Rauchen keine Lust mehr habe.'" Zu seinen Kunden gehörte auch der Filmregisseur Mario Monicelli. „Er hat meine Schreibmaschinen benutzt, um ‚Die Rosen der Wüste' zu schreiben, sein letzter Film", sagt Maurizio stolz. „Eines Tages werde ich meine Frau bitten, alle meine antiken Sachen in eine Schachtel zu packen und sie dem Papst zu schicken."

Die „Antike Tabakwarenhandlung" in Borgo Pio.

Die Autos der Päpste: von Pacelli bis Ratzinger

Jeder, der in Rom Auto fährt, sollte wenigstens einmal für wenige Stunden in der Antiken Autogarage von Leonina in Borgo Pio Nr. 103-105 Halt machen. Eine kurze Einfahrt und schon öffnet sich eine weite Garage. Ihre Wände sind mit seltenen Fotos tapeziert. Der Mercedes von Pius XII. und Seine Heiligkeit, wie er dem Dichter Trilussa die Hand drückt; die von einer Gebäudeansammlung noch zweigeteilte Via della Conciliazione; ein Pergament von 2003, als der jetzige Garagen-Inhaber, Francesco Grasso, zum ‚Ritter des Heiligen Papstes Silvester' ernannt wird.

Francesco Grasso, Jahrgang '43 und immer guter Laune, bemerkt demütig: „Das verdanke ich alles meinem Vater Pasquale. Ich war damals zwei Jahre alt, als er die Autogarage eröffnete. Während des Krieges hatte er als Automechaniker in der zum Vatikan gehörenden Werkstatt gearbeitet. Dann half ihm Kardinal

Canali, sich selbständig zu machen. Gleich nach Kriegsende spornte ihn meine Mutter Rosina an, Dutzende Autos aus dem Vatikan und von anderen Leuten in Ordnung zu bringen. Alle Scheinwerfer der Autos waren wegen der Bombardements verdunkelt worden. Es mussten also die Verkleidungen abgebaut und die Bremslichter wieder angeschlossen werden. Monsignori, Schweizergardisten und bedeutende Kardinäle wie zum Beispiel Casaroli standen sozusagen Schlange."

Grasso verließ die Schule, um seinem Vater zu helfen. „Nach fünf Jahren Nazarener-Grundschule bei den Piaristen, ging ich noch drei Jahre in die Mittelschule. Dann zog ich den Overall über und half Vater bis zum 10. April 1987, als er starb. Den Militärdienst leistete ich bei der Feuerwehr ab. Und wenn ich bei den Überschwemmungen bei Labaro Menschenleben retten konnte, dann nur deshalb, weil mir Vater täglich mit seinem Glauben ein Beispiel gegeben hatte."

Von 1965 bis 2000 war Francesco Grasso Angestellter der Kurie in der Kongregation für den Klerus. „Bevor ich dort anfing, war ich allerdings Assistent bei einem Dutzend Kardinäle, bei Pietro Ciriaci und John Joseph Wright, Innocenti bis Crescenzio Sepe und Dario Hoyos Castrillon." Doch sobald es möglich war, tauschte er den Anzug gegen einen Blaumann aus.

„Im August 1978 habe ich in der Werkstatt ein echtes Wunder erlebt. Es war zum Konklave nach dem Tod von Paul VI., und Don Diego, der Sekretär des Kardinals Luciani, brachte mir den Wagen des Patriarchen von Venedig. Der Motor seines 2000er Lancia Flavia war kaputt. Ein Kolben war fest, die Ventile waren herausgeflogen, die Steuerkette gerissen. Alle Arbeiter waren in Urlaub, kein einziges Ersatzteil war zu finden. Wie ein Blitz kam ich vom Meer in Santa Marinella zurück. Ganz allein habe ich den Motor ausgebaut, Ersatzteile gefunden, einen Tag und eine Nacht ohne Pause gearbeitet. Als ich dann Don Diego die Schlüssel für eine Probefahrt mit dem reparierten Wagen übergab, hörte man plötzlich die Chöre vom Petersplatz. Es war der 26. August: Durch Lautsprecher wurde die Wahl von Albino Luciani verkündet. Zusammen mit Don Diego lief ich im Overall zum Petersplatz. Ich weinte und betete." Und was war mit dem Auto, das auf so wunderbare Weise repariert wurde? „Don

Diego kam und wollte mir die Rechnung bezahlen. ‚Bitten Sie den neuen Papst, meine Familie, meine Frau, meinen Sohn Flavio und mich, zu segnen', antwortete ich."
Wer weiß, wie viele Persönlichkeiten er in der Garage hinterm Lenkrad gesehen hat. „Als er noch an der Pizza Cittá Leonina wohnte, sah ich oft den mausgrauen Volkswagen von Kardinal Ratzinger. Hinterm Steuer saß seine Mitarbeiterin, Frau Stampa. Später fuhr er einen schwarzen 220er Mercedes, und den lenkte der treue Chauffeur Alfredo Monzo. Ich erinnere mich, dass der Kardinal auch den privaten Fiat Uno von Monza fuhr. Ratzingers Bescheidenheit ist für uns alle eine gute Lektion."

Die Autogarage in Borgo Pio.

Brötchen und Mortadella

Alle wissen, dass Gott, der die Welt und das Leben erschaffen hat, am siebten Tag ruhte. Aber nur wenige wissen, dass auch der Stellvertreter Christi auf Erden, der Papst, sich von den Verpflichtungen dienstags eine Pause gönnt. Also keine Begegnungen, nur Betrachtung und Gebet. Deswegen braucht es an diesem Wochentag auch keine Fotografen. So kann Francesco, der aktuelle Fotograf des Vatikans, dienstags ausruhen. Er ist ein Enkel des legendären Papstfotografen Arturo Mari, der längst pensioniert ist. Aber auch Vincenzo Modica, 63, darf ausruhen. Seit einiger Zeit ist er Chef der Fotoagentur für Papstaudienzen in Borgo Pio 106, sowie externer Mitarbeiter des Osservatore Romano und der Vertreter von Francesco.

Heute ist Dienstag: Vincenzo verbringt die freie Zeit zu Hause mit seiner Frau und seinen Hunden, den zwei Möpsen Camillina und Alfredo und deren sieben Welpen. Seine Töchter Alessandra und Angela vertreten ihn heute im Geschäft in Borgo Pio, das ganz mit Papstfotos tapeziert ist. Alessandra erzählt die Geschichte von Vincenzo Modica: „Meine Schwester und ich machen dienstags sozusagen die Probe für die Zukunft, wenn Papa uns den Staffelstab übergeben wird. Er hat hier mit 13 Jahren begonnen. Er stammt aus Sizilien, war das vierte von sechs Kindern, und der Großvater arbeitete hart bei der Eisenbahn. Vater war Ladenjunge und schlief nachts nicht, denn er musste die Fotografien der alten Eigentümer, Franco und Marcella, drucken. Damals stand auf dem Ladenschild ‚Foto Express'.

Mit seinem Schweiß hat Vater das Geschäft aufrecht erhalten. Die ersten Kontakte mit dem Vatikan gab es, als es Vater gelang, eine externe Zweigstelle des Osservatore Romano zu werden, also nicht mehr nur Fotografien für Touristen, die den Papst besuchen, sondern auch täglicher Kontakt mit dem Heiligen Vater. Ich habe einen besonderen Vater. Sein kleines Wunder? Es besteht darin, Freund des Bischofs Karol Wojtyła zu werden, 1958, zur Zeit von Papst Johannes XXIII.

Stellen Sie sich vor, einmal begleitete Vater mit seinem 500er Fiat den Bischof nach Assisi. Während der Fahrt redeten sie mit Händen und Füßen, denn damals konnte Wojtyła unsere Sprache noch nicht so gut. Auf halber Strecke machten sie Mittag. Sie hielten an einer Bar, und der Bischof kaufte sich ein Brötchen mit Mortadella. Vater ist immer begeistert, wenn er davon erzählt. Vor dem Essen machte Wojtyła das Kreuzzeichen. Und ihm hat Vater dann die folgenden Jahre gewidmet." Es war also ein Geschenk der göttlichen Vorsehung. „Diese Begegnung hat in ihm das Licht des Glaubens entzündet und auch in uns allen. Einmal fuhr unsere Mutter mit dem Auto zum Einkaufen in den Vatikan. Dabei übersah sie das Stoppzeichen des Polizisten, und es hat nur wenig gefehlt und sie wäre mit dem Wagen, in dem der Papst saß, zusammengestoßen."
Alessandra ist Johannes Paul II. selbst nie begegnet „Nach Jahren hatte ich endlich die Möglichkeit, bei der Audienz in der ersten Reihe zu stehen und dem Papst die Hand zu küssen. Ich war glücklich. Doch dann musste der Heilige Vater am Abend zuvor ins Gemelli-Krankenhaus. Ich bekam aber eine Art Wiedergut-

machung. Eines nachts nach seinem Tod habe ich von ihm geträumt und dabei hat er mich ganz fest umarmt."
Auch von Ratzinger hat sie geträumt. „Ich bin keine Hellseherin, aber ich habe ihn im Traum ganz in Weiß gesehen, also als Papst, nur wenige Tage vor dem Konklave. Als Kardinal war er ja hier in Borgo zu Hause, und mit Vater pflegte er eine besondere Freundschaft. Er hatte ihn gebeten, erste Pläne für die Gärten des Instituts für Sakrale Musik in der Via Torre Rossa zu machen." Sie zeigt stolz ein Foto mit einem lachenden Ratzinger von vor zehn Jahren: „Ich hoffe, es gelingt mir, die Hand Benedikts XVI. zu küssen, denn er ist ein Papst, der den Verstand anspricht." Und morgen, Mittwoch, geht für Alessandra und Angela alles wieder normal weiter.

Das älteste Vaterunser

Im Vatikanstaat sind die Arbeiten im Hof des Belvedere in vollem Gange. Vier der sieben Etagen des Palastes der Vatikanischen Apostolischen Bibliothek sind wie auf den Kopf gestellt. Absperrungen, Läufer, leere Regale, doch Dr. Ambrogio Piazzoni, der 57jährige Vizepräfekt der Bibliothek, empfängt uns am Eingang im perfekten Anzug mit einem Lächeln. „Kommen Sie rein, bis Ende Herbst 2010 restaurieren wir Mauern und Decken. Wissen Sie, dass wir hier 1.600.000 gedruckte Bücher aufbewahren? Dazu noch 150.000 Handschriften. Es bestand die Gefahr der Absenkung."
Er spricht sehr entschieden, wie ein Manager. „Ich bin in Arcisate, nahe Varese, als zweites von sechs Kindern geboren. Mein Vater Giuseppe war Experte in Bergbauwirtschaft, und meine Mutter Maria hoffte, ich würde Priester werden, denn ich besuchte das Gymnasium im Seminar von Venegono." Stattdessen erlangte

er das Diplom in Geschichte des Mittelalters an der Sapienza-Universität in Rom, bei Prof. Manselli, und fand sofort Arbeit. „Im vatikanischen Buchverlag ‚Libreria Vaticana', in der Kommission für Autorenrechte der Werke von Karol Wojtyła, der gerade zum Papst gewählt worden war. In zwei, drei Jahren erhielten wir über 300 Anfragen aus aller Welt für Übersetzungen von Wojtyłas Büchern in polnischer Sprache." Den nicht einmal 30 Jahre alten Piazzoni erfüllte diese Aufgabe mit Begeisterung. „Ich habe dann eine Anwaltsfrau geheiratet. Heute ist sie Präsidentin der ‚Vereinigten Jugendstrafkammern', und der Herr schenkte uns drei Kinder. Dann ließ mich die göttliche Vorsehung hier in der Bibliothek Arbeit finden, als Assistent und Scriptor."

Damit begann seine wissenschaftliche Karriere. „Nachdem ich 15 Jahre hier war, im Jahre 1999, ernannte mich der große Johannes Paul II. zum Vize-Präfekt. Ich als Laie unter dem Präsidenten Kardinal Farina und dem Präfekten, Mgr. Cesare Pasini." In der Bibliothek werden äußerst seltene Handschriften aufbewahrt. „Wir haben Handschriften aus dem 1. und 2. Jahrhundert nach Christus. Die seltensten? Den

Kodex B oder auch Vatikanischer Kodex genannt; die älteste komplette Handschrift der Bibel in Griechisch aus der Zeit von Konstantinopel; eine Kopie der Elemente des Euklid; die Handschrift des Eneide von Virgil ..."
Wer diese wunderbaren Dinge einsehen kann? „Wissenschaftler, die an einem bestimmten Projekt arbeiten, Leute, die zum Vatikan gehören, aber auch von außerhalb. Es sind pro Jahr mehr als 20.000." Und jetzt, wenn die Bibliothek geschlossen ist? „Wir arbeiten via Internet unter der Adresse www.vaticanlibrary.va. Die Wissenschaftler bekommen von den Handschriften einen Mikrofilm nach Hause. Und die Schriftstücke selbst können endlich einmal zur Ruhe kommen. Die Handschriften auf Pergament, Ziegen- oder Schafleder sind nur im Dunkeln sehr langlebig, bei 18 bis 20 Grad Celsius und 50 Prozent Luftfeuchtigkeit. Wenn Menschen sie einsehen, werden sie mit 36 Grad und großer Feuchtigkeit belastet."
Piazzoni schwärmt von seinen Papieren. „Papst Benedikt XVI. war am 25. Juni vor einem Jahr hier. Er kündigte den Beginn der Arbeiten an und wollte dann die seltensten Handschriften sehen. Den Kodex B und das Bodner-Papier 14-15.

Es handelt sich dabei um ein ‚Juwel', das von dem Forscher Bodner in den 50er Jahren in Ägypten gefunden und in ein Schweizer Museum gebracht wurde. Nun das Wunder. Ein amerikanischer Wohltäter kaufte die Papiere und schenkte sie Ratzinger. Es handelt sich um 100 Seiten, um die ältesten Texte vom Lukas- und Johannesevangelium sowie vom Vaterunser und dem Prolog des Johannes. Ich konnte sehen, wie der Papst strahlte. Für einen Wissenschaftler wie ihn war das ein einzigartiges Geschenk. Kurz, heute hat Ratzinger eine außergewöhnliche Bibliothek in seiner Privatwohnung. Hierher kam er in seiner Zeit als Kardinal. Nun gibt es für uns nur noch seine unsichtbare heilige Präsenz, aber sie gibt den hundert Angestellten und mir Kraft, die Bibliothek zu restaurieren."

Fotonachweis

S. 10, 18, 59, 99, 103: © Ingrid Dlugos, Leipzig
S. 42: © picture-alliance / epa ansa Maurizio Brambatti
S. 47: © Gudrun Sailer, Rom